드림

중학 3년,
대학을
결정한다

중학3년,
대학을
결정한다

초판 1쇄 발행 2015년 5월 14일
초판 2쇄 발행 2015년 7월 17일

지은이 장정현

발행인 장상진
발행처 경향미디어
등록번호 제313-2002-477호
등록일자 2002년 1월 31일

주소 서울시 영등포구 양평동 2가 37-1번지 동아프라임밸리 507-508호
전화 1644-5613 | **팩스** 02) 304-5613

ⓒ 장정현

ISBN 978-89-6518-131-6 13370

중학 3년, 대학을 결정한다

중학생이 꼭 알아야 할 입시 전략

장정현 지음

경향에듀

프롤로그

자녀가 좋은 대학에 들어가기를 바라면서 별다른 노력을 하지 않는 엄마의 모습은, 공부하지 않고 운 좋게 대학에 들어가기를 바라는 것과 마찬가지다. 대다수 학부모의 입시 정보력은 안타까운 수준이다. 대학 입시에 아예 무지해도, 잘못된 입시 정보에 흔들려도 자녀의 대학 입학에 큰 걸림돌이 되며 자칫 아이 앞길을 망칠 수도 있다. "내신전략으로 대학을 보내겠다.", "영어만 잘해도 대학에 갈 수 있다." 등 전체를 보지 않고 편협한 시각으로 보는 학부모도 적지 않다.

자녀 3명을 특목고나 명문 대학에 보내본 어머니는 입시의 달인이 된다. 필자는 언제나 수능을 목전에 둔 큰 아들과 고입을 목전에 둔 둘째 그리고 중학교에 입학하는 막내를 둔 엄마의 입장인 듯싶다. 운 좋게도 초등학교부터 학원에 와서 고3까지 지도한 학생들이 많은데, 이들을 지도하는 동안 학습 상황과 성적 변화 등을 관찰할 수 있었다. 필자는 중등부 강의 시간의 1/3 정도는 학습법과 학습습관 길들이기에 할애한다. 고등부 역시 귀한 시간을 쪼개어 공부하는 법을 강조한다. 공부는 결국 스스로 해야 하기 때문이다.

고등학교 3학년 진학 담당 선생님, 입시분석 전문가, 대학 입시를 직접 겪은 수험생 등 입장에 따라 입시 전략이 다를 것이다. 필자는 입시의 다른 한 축인 학원 교육자로서 수많은 학부모와 상담하고 강의하며 진학·진로 지도를 했고 지난 10여 년간 입시전쟁터에서 한시도 벗어나 본 적이 없다. 이제는 잘 가르치는 것만 가지고는 부족하다. 고교 입시나 대학 입시에 대한 전문적인 정보와 학습법으로 컨설팅과 매니지먼트를 병행하는 것이 기본이다. 지금까지 현장에서 수없이 강조했던 학습법과 진학 지도 내용을 함께 고민해보고자 집필을 시작했다.

나름 오랫동안 교육 운동을 해왔고 입시제도의 문제점이나 참교육의 방법 등 교육의 근본적인 문제점들을 우선적으로 생각하지 않은 건 아니다. 다만, 『중학 3년, 대학을 결정한다』라는 자극적인 제목의 책을 출간하는 건 이 책이 치열한 대학 입시 전쟁터에서 길라잡이가 될 것이라는 확신이 있기 때문이다. 이 책은 대학을 보내는 정도(正道)의 학습법과 진학 지도 방법을 제시하고 있고, 가장 최신의 정확한 정보를 제공하겠다는 고집스러움을 바탕으로 하고 있다. 시중에는 수많은 입시 서적이 있다. 하지만 학습법이나 입시의 지침을 진정으로 아이들에 대한 열정과 정성으로 제시한 책은 찾아볼 수 없다. 아이들을 가르친 지 20여 년이 되어가는 지금도 학습 습관이 변해 기뻐하는 아이들을 보면 뜨겁게 감격한다.

이 책에서 가장 강조한 것은 타이밍이다. 오랜 경험으로 입시의 결정적인 시기는 '중학교 때'라는 확신이 있다. 대부분의 학부모나 수험생은 고등학교 입학 후에야 본격적으로 입시 준비를 한다. 하지만 안타깝게도 고1이라는 위치는 사실상 대학 입시에 상당 부분 시기를 놓친 상황이다. 대학 입시는 고등학교 때 준비하는 것이 아니라 중학교 저학년, 더 이르면 초등학교 때부터 플랜을 짜고 시행해야 성공할 수 있다.

한 분야에서 성공한 사람은 모두 남보다 스케줄을 먼저 짜고 철저히 시행했다. 필자는 이 책을 통해 초등학교나 중학교 때부터 대학 보내기 플랜을 짜고자 하는 학부모에게 권한다. 이 책은 자녀 교육의 학습 지침과 객관적·사실적 자료를 제공하고, 입시의 큰 흐름을 이해하고 중심을 잡을 수 있는 데 도움이 될 것이다.

마지막으로 이 책이 나올 수 있도록 도와주신 모든 분들, 특히 오랜 기간 강의와 연구를 함께해온 서효언 부원장과 아이콘 입시전략연구소 조석, 김보경, 민윤경 연구원 그리고 사랑하는 아내 김정혜에게 감사의 마음을 전한다.

장정현

대학 입시 성공은
중학 3년간 결정된다

흔히 고등학교 3년간을 마라톤에 비유한다. 골인 지점인 '대학 입학'까지 짧지 않은 기간의 레이스를 해야 한다. 하지만 입시 마라톤에서는 모든 선수들이 동일 선상에서 출발하지 않는다는 점을 주목해야 한다. 같은 고1이라도 출발점은 제각각이다. 출발선에서 출발하는 선수, 중간 지점부터 출발하는 선수, 목적지의 2/3지점에서 출발하는 선수 등 학생마다 다르다. 골인 지점에서 가까운 거리에 있는 선수일수록 기초 체력과 기록이 좋다. 이는 평소에 훈련을 꾸준히 더 많이 해왔다는 것이다. 출발점이 다른 상황에서 결과는 이미 결정되어 있을 수밖에 없다.

왜 중학교 때부터인가?

대학 진학에서 중학교 때부터 고등학교 때까지의 6년 기간 중 어느 학년이 가장 중요하고 결정적인 시기인가? 학부모나 입시 관계자, 학생 등이 입시 전략을 수립하는 데 반드시 고민해봐야 할 사항이다.

■ **대학 진학에 따른 학년별 중요도**

학년	중1	중2	중3	고1	고2	고3
중요도	★★	★★★★	★★★★★★	★★★★★	★★★	★
순위	5위	3위	1위	2위	4위	6위

위의 도표는 논리적 근거보다는 중·고등학교 학생들을 오랫동안 지도해온 필자의 경험으로 추정한 중학교 1학년부터 고등학교 3학년까지 6년 중 대학 준비를 위한 학년별 중요도를 제시해본 것이다. 대개는 대학 입학시험에 가까운 고3, 고2, 고1 등의 순서로 시기별 중요성을 인식하고 있다. 하지만 학생들을 직접 지도해본 사람으로서 이러한 일반적인 인식과 실상은 커다란 차이가 있다고 말하고 싶다.

초등학교 4학년 성적이 평생을 결정한다고 주장하는 사람도 있다. 하지만 필자는 초등학교 4학년 때는 대학 진학을 위한 커다란 밑그림을 그리는 시기라고 본다. 밑그림을 그렸다면, 결정적 시기인 중학교 때부터 구체적인 실천 방도가 마련되어야 한다고 생각한다.

목차

02 입시 전쟁터, 엄마는 무엇을 해야 하나?

03 특목고를 준비하면 명문 대학이 보인다

07 중학생이 알아야 할 대학 입시 가이드

중학 3년이
대학을
결정한다

중학 3년, 학습 습관이 대학을 결정한다

입시 전쟁에서는 고1 입학시점에 입학 대학이 보인다는 말을 많이 한다. 이때 중학교 때부터 쌓아놓은 두 가지를 보고 판단한다. 하나는 실력이고, 또 다른 하나는 학습 습관이다. 특히 잘 잡힌 학습 습관은 고등학교 진학 후에도 엄청난 저력을 발휘한다.

'3주 따라 하기'와 '하루 실천'

좋아서 공부하는 아이가 몇이나 될까? 그런데 반대로 그렇기 때문에 학습 습관이 중요하다고 할 수 있다. 습관처럼 공부를 해야 한다. 올바른 식사 습관이 건강을 지켜주는 것처럼 올바른 학습 습관이 입학 대학을 결정한다.

학습 습관을 들이는 가장 좋은 방법은 목표로 하는 위치에 있는 사람들의 공부 방법을 그대로 따라 해보는 것이다. 특목고에 들어간 사람, 서울대에 진학한 사람, 과학자가 된 사람 등 이미 어떠한 목표를 성취한 사람을 롤모델로 삼아 그들의 합격 수기, 인터뷰, 조언, 도서 등을 찾아본다. 그리고 그들의 학습 습관을 따라 해보자. 이를 꾸준히 실천하고 몸에 배도록 하여 자신의 학습 습관을 만들 수 있다.

3주간 꾸준히 실천하면 자신의 습관으로 굳어질 수 있다. '3주 따라 하기'는 쉬울 것 같지만 결코 쉽지 않다. 하지만 단 3주만 실천하면 학습 습관이 잡히게 되니 해볼 만하다. 입학 대학과 어쩌면 인생까지 바뀔지도 모르니 학습 습관은 반드시 확립하길 바란다. 초등학생 때 잡지 못했다면 중학생 때가 학습 습관을 바로 잡을 수 있는 마지막 시기이다. 고등학생 때는 학업에만 집중하기에도 벅차다. 고등학교 진학 전에 확실히 학습 습관을 들이도록 하자.

그런데 어떤 학생이든 잘 고쳐지지 않는 학습 습관이 한두 개씩 꼭 있다. 한꺼번에 고치려 하기보다 단 하루 동안만이라도 나쁜 학습 습관을 버리는 걸 목표로 해보자.

예를 들어 특히 집중력이 흐트러지는 수업을 정해 그날 하루만큼은 수업에 집중하며 적극적인 참여를 해보는 것이다. 하루 시도로 나쁜 습관을 없앨 수 있을까 의구심이 들겠지만 의외로 많은 학생이 효과를 본 방법이다. 이러한 '하루 실천'을 몇 가지 경우로 확대하고, 일정 시간이 지난 다음에 한 차례 반복하자. 실로 놀랄 만한 효과를 느낄 수 있을 것이다.

중학 3년, 독서가 꿈을 키운다

책읽기의 중요성은 아무리 강조해도 지나치지 않다. 명문대에 합격한 아이들은 각자의 방식으로 공부했으나 공통점이 하나 있다. 그들은 모두 책을 많이 읽었다. 또한 대부분은 그 책 속에서 꿈을 발견하고 키웠다. 중학교 시절 독서는 목표 설정에 도움을 주고 내적 성장을 도모한다.

그만큼 책 읽는 습관은 매우 중요하다. 어려서부터 책을 많이 읽게 하라. 그리고 책 속에 모든 길이 있다는 생각을 갖도록 하라. 아이가 중학생인데 아직 꿈이 없어 걱정이라면 책을 읽혀라. 책은 꿈꾸는 법을 가르쳐주는 진짜 스승이다.

중학교 때까지 쌓은 독서량의 차이는 국어뿐 아니라 고등학교 전 과목에 걸쳐 문제인지능력에서 큰 차이를 보인다. 독서가 영어나 수학 등 다른 과목과는 무관한 듯 보이지만 절대 그렇지 않다. 독서의 양과 질은 논리적 사고력과 종합적 이해능력에 결정적인 영향을 미친다.

수능 영어의 핵심은 얼마나 정확하게 글의 요지를 파악하느냐이다. 이때 지문 자체에 대한 지식이나 문제 풀이 방법뿐 아니라 상당한 배경지식이나 추론능력을 필요로 한다. 특히 2등급에서 1등급으로의 상승은 독서량에 의해 결정된다고 해도 과언이 아니다.

창의사고력을 요하는 수학 문제는 상황이나 도형 등을 제시하고 그 상황을 이해하여 수학적 사고를 통해 문제해결을 해야 한다. 언어에 대한 이해력이나 감각 없이는 수학 실력이 좋아도 한계가 있기 마련이다. 어려운 문제를 몰라서 틀리기보다는 문제와 선택지를 이해하지 못하여 틀리는 경우가 상당하다.

언어능력은 단순히 국어시험 성적을 말하는 것이 아니다. 글을 빠르고 정확하게 읽는 능력, 다른 사람의 말을 정확하게 이해하는 능력, 자신의 생각을 말과 글로 조리 있게 전달하는 능력 등을 말한다. 이러한 능력은 시험을 볼 때 문제를 정확하게 이해하고 출제자의 의도를 파악하는 데 도움이 된다. 뿐만 아니라 면접이나 대입 논술 등을 준비할 때도 커다란 영향을 미친다.

양질의 독서는 삶의 밑거름이기도 하다. 책 읽기의 가장 중요한 시기가 바로 중학교 때이다. 고등학교 때는 본격적인 입시 준비로 책 읽을 시간을 확보하기가 쉽지 않다. 물론 독서는 시간이 남을 때 하는 게 아니다. 시간을 내서 반드시 해야 하는 것이다.

중학 3년, 자기주도 학습능력을 키워라

흔히 자기주도 학습이라 하면 혼자서 하는 공부, 학원이나 과외를 받지 않고 스스로 하는 공부라고 좁게 해석하기 쉽다. 이는 잘못 이해한 것이다. 자기주도 학습이란 목표를 가지고 스스로 계획을 세워 필요한 학습을 하는 것을 의미한다. 이는 교과학습뿐 아니라 문제해결능력이나 창의력 등을 발휘하는 것을 포함한다.

자기주도 학습은 시간 관리가 핵심

자기주도 학습의 포인트는 효율적인 시간 관리이다. 누구에게나 하루 24시간이라는 똑같은 시간이 주어진다. 하지만 성공하는 사람은 하루를 48시간이나 72시간처럼 활용한다. 다음은 효율적으로 시간 관리를 하기 위한 수칙들이다.

첫째, 시간 관리의 출발은 미루는 습관을 없애는 것에서 시작한다. 일을 미루면 쉽게 할 수 있는 것도 더 많은 시간과 노력을 들여야 한다. 한번 미룬 일은 연달아 다른 일들까지 발목을 잡으며 주위 상황과 맞물려 계속해서 트러블을 만든다.

둘째, 자투리 시간을 효과적으로 활용한다. 최상위권 학생은 자투리 시간을 소홀이 하는 경우가 거의 없다. 오히려 자투리 시간에 집중이 잘되는 과목들이 있다. 자투리 시간이 모이면 생각보다 엄청난 시간량이다. 공부 고수들은 자투리 시간은 단순 시간 대비 몇 배의 효과를 발휘한다고 말한다.

셋째, 시간을 좀먹는 것들을 멀리한다. 휴대폰과 컴퓨터가 대표적이다. 이것들은 시간을 야금야금 빼앗아갈 뿐 아니라 집중력을 흐트러뜨리는 주범이다.

마지막으로 깨어있는 집중력으로 효율성을 높이는 것이다. 학교 수업시간에 졸거나 멍한 상태로 있는 사람은 맑은 정신으로 집중력을 발휘하는 사람을 이길 수 없다. 수업시간에는 딴짓을 하지만 그 외 시간에는 따로 노력을 하니까 괜찮다고 생각한다면 오산이다. 어떠한 노력을 한다 하더라도 수업시간을 놓친다면 경쟁이 될 수 없다.

질문이 학습의 기본

이해하지 못했는데 그냥 넘어가는 것은 좋지 않은 습관이다. 모르는 것만 문제가 되는 것이 아니라 그것으로 인해 다음 것도, 또 그다음 것도 모른 채 넘어갈 수밖에 없다. 마치 수도관이 서서히 막히는 것과 같다. 처음에는 물의 흐름을 조금 느리게 하지만 그것으로 인해 계속 걸리게 되고 결국은 완전히 막히고 마는 것이다.

반면에 끊임없이 "왜?"라는 질문이 몸에 밴 사람은 배움의 즐거움을 안다. 막히는 현상과는 반대 상황이다. 막힌 것을 하나 뚫어 놓으면 조금씩 물의 흐름이 생기고 또 하나의 의문이 해결되면 점점 막힘이 없어진다. 당연히 재미가 뒤따른다. 효율적인 공부는 바로 질문하는 것에서 출발한다. 질문에 대한 대답은 선생님으로부터 얻을 수도 있고 스스로 책에서 찾아볼 수도 있다. 끊임없이 "왜?"라고 외쳐보라.

오답은 실력을 부른다

오답은 자신의 문제점을 파악하고 한 단계 발전할 수 있는 좋은 계기가 된다. 단순한 실수도 있지만 대부분의 오답은 개념을 확실하게 알지 못했기 때문에 발생한다. 어느 경우든 결정적인 순간에 실수하는 일이 없어야 한다. 이를 방지하기 위해 평소 실수를 줄이는 노력을 해야 한다. 실수로 틀린 부분을 확실하게 해결하고 넘어가자. 이러한 습관만 있으면 오히려 실력을 높이는 계기가 될 수 있다.

나만의 공부 스타일

아이들은 저마다 개성이 뚜렷하다. 각자 환경도, 성적도, 성격도 다르기 때문에 똑같은 공부 방식을 고집하는 것은 바람직하지 못하다. 자신에게 맞는 공부 방법을 찾아야 한다. 좋은 공부법이라고 모두에게 똑같이 좋은 공부법이랄 수는 없다.

자신에게 적합한 공부 방법을 선택하여 적용하는 과정이 필요하다. 이때 열린 마음으로 타인의 좋은 학습법을 배우는 것은 자기주도 학습능력을 키우는 매우 좋은 방법이다. 공부 고수들은 모두 본인에게 맞는 공부법을 찾은 덕분에 목표를 향해서 성큼 다가갈 수 있었다. 자신만의 공부 방식을 찾기 위해 꾸준히 노력하고 효과적인 학습방법에 늘 관심을 가지고 그것을 하나씩 실천해 나간다면 커다란 발전을 이룰 수 있다.

학원을 다니고 과외를 받아도 좋다. 하지만 공부란 결국 혼자서 이해하고 설명할 수 있어야 한다. 혼자서 이해하고 반복하는 시간이 없다면 말짱 도루묵이 된다. 강의나 수업 후에는 반드시 자신의 것으로 만드는 시간을 갖자. 그 과정이 공부의 핵심이다.

플래너 200% 활용, 학습 계획을 세워라

계획 세우기

구체적인 계획을 세워 공부하는 것이 매우 중요하다는 것은 모두 알고 있지만 이를 실행하기는 참 어렵다. 학습 플래너를 활용해보자. 학습 플래너는 각 과목별로 중요도에 따라 시간을 효율적으로 분배할 수 있고, 불필요하게 낭비되는 자투리 시간을 찾아낼 수 있으며, 목표를 세우고 목표수행에 대한 점검을 효율적으로 할 수 있다. 아울러 목표달성 여부에 따라 동기를 유발하기도 하고 스스로 반성의 시간을 가지기도 한다. 플래너를 쓰는 즐거움을 아는 학생이라면 이미 절반 이상 승리한 것이라 봐도 좋다. 다만 누군가의 강요가 아닌 아이 스스로 플래너를 쓰고 활용할 때 효과가 가장 크다는 점을 기억하자.

주간 단위 학습 계획

학습 계획은 장기적인 목표를 두고 작성하는 것이 바람직하다. 큰 시험을 준비하는 수험생이라면 1년 이상의 긴 목표를 두고 학습 계획을 세우는 것이 좋다. 1년 공부 목표를 세우고 그 목표에 도달하기 위해 1개월마다 도달해야 할 목표를 세운다. 그다음 그 1개월 동안 도달할 목표를 위해 1주일 공부 목표와 하루 단위 공부 목표를 세워야 한다.

여기에서 중심이 되는 것은 주간 단위 학습 계획이다. 장기적인 목표부터 세우되 구체적인 공부 계획은 일주일이나 하루 단위로 세워야 한다. 그렇게 해야만 자신의 학습 향상 정도를 그때그때 평가하고 다음 계획에 바로 반영할 수 있기 때문이다. 단순히 실천 여부만 점검하는 것이 아니라 얼마나 충실히 공부했는지를 표시해 다음 계획에 반영해야 한다.

플래너 활용 고수들은 피드백을 철저히 한다. 어떤 계획을 세웠고 실천했는지, 그러한 계획과 실천이 내 목표를 달성하기 위해 적절했는지 평가하고 다음 계획을 세울 때 반영한다. 피드백을 위해서는 전에 작성한 플래너를 버리지 말아야 한다. 결과가 자신의 기대에 못 미치는 경우, 이전 플래너의 내용을 찾아보고 부진한 원인을 분석해 다음에는 절대 반복하지 않도록 한다.

공부 고수의 노트 정리법

한 조사에 의하면 서울대 합격생 97%가 노트 정리로 공부했다고 한다. 보통 사람들은 노트 정리를 단순히 배운 내용을 정리하는 '기록'의 의미로 생각한다. 하지만 공부 고수들은 노트 정리를 '자기의 것으로 체화하는 과정'으로 생각한다. 그들의 노트를 들여다보면 개념, 원리, 문제풀이 과정 등을 자기 자신에게 알기 쉽게 설명해주는 방식으로 정리해놓았다. 다음은 노트 정리법의 핵심이다.

첫째, 노트 정리보다는 '생각 정리'가 먼저다. 많은 내용 중 무엇이 가장 중요한지 핵심을 파악하여 생각을 정리한 다음 노트 정리를 한다. 예를 들어 개념을 정리할 때는 노트에 쓰기 전에 먼저 왜 그렇게 되는지 생각해보고 완전히 이해한 후 자신에게 설명하듯이 정리하는 것이다.

둘째, 노트 정리는 형식 자체보다 사고과정에 더 중점을 두어야 한다. 노트 정리는 지식을 이해하고 내 것으로 만들기 위해 하는 것이다. 정리하며 생각하는 과정을 거치는 동안 비로소 이해할 수 있게 된다.

셋째, 노트를 정리하는 과정에 내용을 이해한 후 '암기'하는 것이 가장 좋은 방법이다. 학생들 중에는 아무 생각 없이 소위 멍 때리며 필기하는 경우가 더러 있다. 노트 필기는 깨끗이 정리되어야 한다. 보기 좋으라고 노트 필기를 깨끗이 하라는 게 아니다. 그렇게 정리하는 과정 중에 이해도가 높아지기 때문에 깨끗이 하라는 것이다. 당연히 노트 정리를 제대로 하려면 수업이나 학습과정에서 집중력이 높아질 수밖에 없다.

넷째, 노트 정리는 자신의 개성에 따라 자신의 언어로 표현해야 한다. 개념 정리, 헷갈리는 부분 메모, 틀린 부분 확인 등 다양한 방식으로 활용할 수 있다. 중요한 것은 자신의 색깔에 맞는 방법으로 자신을 위한 노트 정리를 하는 것이다.

잘 정리된 친구의 노트가 나에게는 큰 도움이 되지 않는다. 잘 정리된 내용은 자습서나 요약집에도 있다. 노트 정리는 정리한 사람의 언어로 그 사람의 생각의 과정을 나타낸 것이다. 빌린 노트는 맞지 않는 다른 사람의 옷을 빌려 입은 경우와 같다.

중학 3년, 목표의식이 대학을 결정한다

꿈은 이루어진다

목표의식을 가지고 학습할 때와 그렇지 않을 때는 엄청난 차이가 있다. 동일한 시간 동안 공부했는데 다른 결과를 냈다면 목표의식이 있느냐 없느냐를 먼저 살펴보자. 목표가 있는 사람은 그렇지 않은 사람보다 자율적이다. 목표가 곧 아이의 학습 동기가 될 수 있다.

목표가 확실한 사람은 성공한다. 확고한 목표를 향해 달려가는 사람과 아무런 목표 없이 그냥 사는 사람은 차이가 극명하다. 목표는 최선을 다하도록 하는 촉진제 역할을 한다.

미래의 목표가 너무 현실적일 필요는 없다. 남들이 보기에는 불가능해보여도 '커다란 목표'를 가지는 것이 좋다. 큰 꿈은 힘든 상황이 닥쳐도 이겨낼 수 있는 버팀목이 된다. 또한 꿈을 향해 부단히 노력하면 결국 원하는 목표를 이룰 수 있다. 아이의 장래희망이 시시각각 변하는 건 당연하다. 하지만 당장 실천해야 하는 작은 목표와 커다란 목표는 항상 세우도록 하자.

부모와 자녀가 가장 큰 마찰을 보이는 부분이 바로 "왜 특목고나 명문대를 가야 하는가?"이다. 부모는 아이가 공부를 해야 하는 이유를 찾도록 도와주어야 한다. 먼저 아이 자신이 좋아하는 것과 하고 싶은 것이 무엇인지 생각해보게 하라. 좋은 대학에 진학하는 것이 꿈을 이룰 수 있는 가장 효과적인 방법 중 하나라고 아이가 스스로 깨닫게 되면 목표의식이 생기게 된다. 그러면 아이에게 '공부하고 싶은 마음'이 생길 것이다.

자신감을 가져라

꿈을 찾았다면 그 꿈을 이룰 수 있다고 확신하라. 그리고 꿈을 이룬 자신의 모습을 상상하라. 자신을 믿는 것이 꿈을 이루는 원칙이다. 무언가를 간절히 원하면 꼭 이루어진다. 간절한 마음으로 노력하기 때문이다. 노력 없이 얻을 수 있는 것은 아무것도 없다.

실현될 것이라고 믿지 않는 꿈은 절대로 실현될 수 없다. 꿈에 대한 확고한 믿음이 있다면 그다음에는 계획을 세우고 최선을 다하자. '할 수 있다'는 자신감은 잠재력을 깨운다. 계획을 실천하는 과정 중에 실패나 좌절이 있을 수 있다. 특히 슬럼프에 빠져 방황하더라도 자신감을 잃지 않는 것이 중요하다. 불안감이나 실수를 두려워 마라. 실수도 그 일을 이루게 하는 밑거름이다. 스스로에 대한 믿음만 있으면 오히려 더욱 강해지고 더 큰 내공을 지니게 된다. 자신에 대한 믿음을 가지고 목표를 향해 달리자.

목표 대학은 원대하게 설정하라

목표 대학을 설정할 때 현재 성적을 기준으로 하지 말고 진짜 가고 싶은 대학을 설정하도록 한다. 중학 3년을 어떻게 보내느냐에 따라 설정한 목표 대학에 진학할 확률이 높아진다. 그만큼 중학 3년의 시간은 중요하다.

어떤 목표를 이루었을 때 성취감이 가장 클지 생각해보고 가장 큰 성취감이 예상되는 걸 '원하는 미래'로 삼아라. 슬럼프가 찾아왔을 때 '미래의 내 모습'을 떠올리고 마음을 다잡을 수 있다.

중학생 때 장기 목표로는 목표 대학을, 고등학생 때는 목표 학과를 설정하는 것이 목표의식을 높이는 데 도움이 된다. 대학과 학과는 고등학교 2학년에 정하는 게 아니다. 중학생 때 목표 대학과 함께 가고 싶은 고등학교를 단기 목표로 삼아라. 특목고를 목표로 해도 좋다. 목표를 정하면 공부 효율이 올라간다. 적절한 목표를 세우고 그것을 달성하기 위해 계획을 실천하는 것이 공부의 핵심이다.

목표의식을 높이는 방법

부모는 아이가 명문 대학에 가길 바란다. 아이 학습에 도움이 된다면 경제적인 지원을 아끼지 않을 각오도 되어 있다. 그렇지만 아무리 부모가 원해도 아이 스스로 목표의식이 없다면 소용없다. 부모가 대신 시험을 봐줄 수 있는 것도 아니고 말이다. 억지로 끌고 오는 데에는 한계가 있다. 부모는 답답할 뿐이다.

목표의식은 저절로 생기지 않는다. 목표의식이 생기길 막연히 기다리다가는 때를 놓친다. 부모나 교사의 역할이 중요하다. 목표의식을 심어줄 수 있는 쉬운 방법을 소개하겠다. 하루아침에 바뀔 바라지 말고 꾸준히 시도하는 게 포인트이다.

첫째, 대화 화제를 신경 쓴다. 초등학생 때부터 특목고나 명문대의 장점을 부각시켜 얘기한다. 특히 활발한 동아리 활동이나 운동, 취미 활동, 기숙사 생활 등을 소개한다. 학교생활이 잘 나와 있는 특목고 소개 책자도 좋다.

둘째, 선배들로부터 직접 이야기를 듣도록 한다. 특목고에 다니는 친척이 있으면 쉽게 목표의식이 생긴다. 직접 얘기를 듣기 때문에 즉각적으로 영향을 받는다. 이러한 조건이 되지 않더라도 특목고 학생들을 만날 기회를 만들어 학교생활이나 입시 과정 등을 알려준다.

셋째, 가고자 하는 고등학교나 대학을 함께 탐방한다. 아이와 함께 학교 설명회를 참여해보자. 특목고 대비 학원이 주최하는 설명회가 아니라 해당 학교에서 직접 개최하는 설명회에 참여하는 게 좋다. 학교 관계자나 선배가 하는 조언은 평소에 많이 들었던 얘기일지라도 새로운 느낌으로 다가온다.

탐방 후에 아이의 학습 태도가 크게 달라지는 것을 경험할 수 있을 것이다.

마지막으로 아이와 함께 서점에 가서 수기집이나 성공 스토리, 공부 방법을 소개한 책을 직접 골라 읽는다.

본인이 가고 싶은 학교의 홈페이지 등을 둘러보는 정도까지의 동기부여는 저절로 생기지 않는다. 아이에게 목표의식을 심어주려고 노력하는 건 부모와 교사의 역할이다.

중학 3년, 집중력이 대학을 결정한다

중학 3년, 가장 반항적인 시기이자 몰입의 시기

아이가 한창 컴퓨터게임 중일 때의 집중력은 참으로 놀랍다. 그 정도의 집중력으로 공부에 몰입하면 최상위권도 진입할 거라고 부모는 우스갯소리를 한다. 아이가 관심을 가져야 집중력이 생긴다. 관건은 그 집중력을 어떻게 학업이나 진로에 끌어오느냐이다.

아이가 하고 싶고 또 할 수 있는 목표라면 집중력이 높아진다. 먼저 큰 목표를 종이에 써서 눈에 보이는 곳에 붙여 놓는다. 큰 목표에 가까워지는 세부 목표를 차례로 세운다. 이때 집중해야 할 목표가 단기적이고 구체적일수록 실천하기 쉽다.

같은 시간을 공부해도 아이마다 공부한 양이 다르다. 바로 집중력이 다르기 때문이다. 사실 중학교 학습은 학습량이 적고 변별력이 약해서 그 차이를 크게 느끼지 못한다. 그러나 고등학교 학습은 '집중력=실력'이라 할 정도로 확연한 차이를 보인다. 그래서 전문가들이 입을 모아 "결국은 집중력 싸움이다."라고 하는 것이다.

집중력은 흥미나 동기부여를 통해 후천적으로 높일 수 있다. 다만 집중력은 단기간에 형성되지 않는다. 반복적인 연습으로 집중하는 시간을 늘릴 수 있다.

아이 집중력을 저해하는 건 오히려 '엄마'

"왜 내 아이는 집중력이 없을까?", "왜 내 아이는 집중력이 오래 가지 않을까?" 하고 엄마들이 한탄하곤 한다. 하지만 아이가 집중할 수 없게끔 하는 원인을 찾아보면 대부분 엄마에게 있다. 오히려 아이의 집중력을 방해하면서 집중력 부족을 한탄하고 있는 셈이다. 집중력을 방해하는 행동은 많다. 잦은 요구, 지나친 간섭, 일방적 지시, 너무 짧은 체크 간격, 짜증이나 화내는 말투, 생각 없이 내뱉는 말, 부모의 TV 시청, 부부싸움, 다른 사람과의 비교 등이 있다.

아이의 집중력을 높이는 부모의 행동으로는 아이 곁에서 지켜보며 칭찬하기, 해야 할 행동 짚어주기, 과제 가끔 상기시켜주기, 목표의식 유도하기, 계획적인 말과 행동 등을 들 수 있다.

집중력 향상 훈련

시간 재면서 공부하기

효과적인 집중력 향상 훈련법으로 '시간 재면서 공부하기'가 있다. 바로 스톱워치를 이용하는 것이다. 시간을 정한 다음(예를 들어 20분) 스톱워치에 입력하고 그 시간 동안 오롯이 공부에 집중하는 것이다. '집중력의 시간'이라고 이름 붙이고 30분, 1시간… 시간을 점점 늘려가자. 그 시간만큼은 전화기도 꺼놓고 누가 말을 걸어도 무시하기로 정한다. 자신이 하기로 정한 일에 몰두하는 것이다. 이 훈련법은 고등학교 시험에서 중요시되는 '문제풀이 속도'에도 도움이 된다.

시간과 분량으로 목표 정하기

시간과 분량을 정해놓고 공부하면 보다 더 높은 집중력이 발휘된다. 예를 들면 '30분 내에 과제를 끝내겠다', '20분간 10문제를 풀겠다' 등이다. 이 훈련법은 금세 집중력이 흐트러지는 아이에게도 긴장감을 주어 집중하게 만든다.

오래 자기보다 숙면하기

수면이 부족하면 피로도 쌓이고 집중력도 떨어진다. 밤늦게까지 깨어 있으면 낮 시간에 높은 집중력을 발휘하지 못한다. 잠의 양보다는 충분한 피로를 풀고 몸의 휴식을 취할 수 있는 숙면이 중요하다. 충분한 숙면을 하면 학습한 내용들이 자는 동안 뇌에서 정리되어 오래 기억에 남는다고 한다.

마음이 편해야 잠도 잘 오고 공부나 주어진 일에 집중할 수 있다.

학교 수업부터 충실하라

수능만점자의 인터뷰에 꼭 빠지지 않는 말이 있다. "교과서 중심으로 학교 수업시간에 집중했다."는…. 그런데 뻔한 그 말이 바로 정답이다. 하루에 가장 많은 시간을 학교에서 보내는데 수업시간에 집중하는 것보다 더 효율적인 공부 방법이 어디에 있겠는가?

학교 시험의 모든 소스는 각 교과담당 교사로부터 나온다. 교사들은 수업시간에 열심히 귀 기울이는 학생을 좋아한다. 자주 찾아가고 질문을 많이 할수록 시험에 대한 정보를 얻을 수 있다.

수업시간에 열심히 필기하는 학생이 많다. 그런데 사고과정 없이 습관적으로 필기하는 학생이 대부분이다. 수업시간에 배운 내용을 이해하고 핵심 내용은 바로바로 외우는 습관을 기르자. 이러한 습관이 들면 특히 암기과목은 시험 준비시간이 반으로 줄어든다. 확실하게 최상위권으로 도약할 수 있는 발판이 된다.

수업시작 직전 1분간 교과서를 펴고 오늘 공부할 부분을 대략 훑어보자. 제목 정도만 읽어봐도 좋다. 수업시간에 선생님의 설명이 훨씬 귀에 잘 들어온다. 수업이 끝난 직후 1분간 오늘 진도 나간 부분을 훑어보며 대략 정리해본다. 그냥 끝내는 경우보다 훨씬 오랫동안 수업 내용이 기억에 남는다.

집중력을 방해하는 나쁜 습관을 버려라

휴대폰 확인하기, 음악 듣기, 볼펜 돌리기, 다리 흔들기, 손톱 물어뜯기 등 주의를 분산시키는 여러 나쁜 습관이 있다. 이런 습관을 버리는 건 좋은 습관 만들기만큼이나 중요하다.

휴대폰이 가까이 있으면 자꾸 열어보고 싶다. 게임CD나 만화책 등이 바로 옆에 놓여 있다면 어떨까? 책상 위에는 학습서만 놓고 깨끗이 치우도록 하자.

자신의 집중력을 방해하는 요소를 아이 스스로 알고 있다. 나쁜 습관이 굳어졌다면 살짝 바꾸어보자. 예를 들어 습관적으로 음악을 들으며 공부하는 아이라면 가사가 없는 클래식 등으로 바꿔보는 것이다. 스스로의 다짐을 공부방에 붙여 놓는 것도 좋은 방법이다. "공부하면서 음식 먹지 말자.", "휴대폰은 오늘 할 일을 마치고 보자." 등의 문구를 적어서 붙여보자.

집중력을 저해하는 환경이나 습관을 개선하려는 시도를 해보자. 집중력을 저해하는 요소들을 버리지 않은 채 목표를 이룰 수는 없다. 집중력을 키워 효율성을 높이기 위한 첫걸음은 내가 반복하고 있는 나쁜 습관을 버리는 것부터 시작된다.

04

중학 3년, 자기소개서가 대학을 결정한다

자기소개서는 중1에 시작하라

자기소개서(이하 자소서)는 중1부터 시작해야 하고 최소 1년에 두 번 업데이트해야 한다. 고3 때 자소서 준비를 시작하면 늦다. 자소서 내용도 부실하기 일쑤고 자소서에 신경 쓰다가 정작 중요한 내신이나 수능 준비에 소홀해질 수 있다.

특목고 자소서를 준비하는 것은 대입을 간접적으로 경험할 수 있는 기회이다. 이것이 특목고를 준비했던 학생들이 항상 앞서나갈 수밖에 없는 이유이다. 남들보다 앞서 준비하는 능력이 있는 학생들은 중1, 더 나아가서 초등학생 때부터 미래를 준비한다. 자소서에 담을 내용을 미리 고민해보자. 자소서를 쓰면서 본인이 무엇이 될 것인가, 필요한 것은 무엇인가, 어떻게 준비할 것인가 등을 체계적으로 준비할 수 있다.

자기소개서를 통해 미래를 그려라

중학교에 진학하면 아이에게 자신에 대한 글을 써보게 하라. 1년에 한두 번씩 자소서를 써보며 변화 과정을 살피자. 막연하게 머릿속에만 있던 생각이 글로 구체화되면서 생각이 자라나는 것을 스스로 느끼게 될 것이다. 자소서를 쓰는 과정에서 부모와 아이가 함께 이야기를 나눌 수 있다.

중학교 때는 아직 꿈과 목표가 명확하게 그려지지 않는 시기이다. 꿈과 목표를 고민해볼 계기가 적기 때문이다. 보통 특정한 계기를 통해 자신이 무엇을 하고 싶은지, 무엇이 되고 싶은지 깨닫게 된다. 책, 대화 혹은 특별한 경험 등 다양하다. 자소서 쓰기도 꿈과 목표를 찾는 계기가 될 수 있다.

중학생 때 꿈과 목표를 찾는다니 걱정스러운 마음이 들 수 있다. 아이들의 꿈은 언제든지 바뀔 수 있다. 꿈이 바뀌는 과정을 기록하는 것 또한 꿈을 이루는 과정이다. 미래를 생각하고 그려보면 미래가 있지만 생각조차 하지 않으면 꿈과 미래는 없다.

자기소개서로 고등학교 3년 계획을 세워라

중학생 때 쓰는 자소서는 고등학교 3년을 체계적으로 준비할 수 있도록 해준다. 학생부를 어떻게 관리해야 할지, 동아리나 봉사활동은 어떻게 해야 할지 중학교 3년을 포함해 장기적으로 대학 입시를 준비할 수 있다. 즉 고등학교 생활을 어떻게 해야 할지 명확해진다.

특목고 자소서로 대입 학생부전형을 체험하라

특목고/자사고 자소서를 준비하며 대학 입학 학생부종합전형을 미리 경험할 수 있다. 특목고나 자사고의 자기주도 학습전형에서 자소서의 비중이 그 어느 때보다도 커졌다. 내신의 변별력이 크게 줄어들면서 학생의 실력을 평가하는 데 자소서가 결정적인 역할을 한다. 그런데 특목고/자사고 입시에 필요한 자소서는 대학 입시에서 큰 비중을 차지하는 학생부종합전형의 자소서와 내용이 지원 동기, 학습 과정, 활동 계획, 진도 계획, 인성 관련 경험 등 거의 똑같다. 이처럼 중학교 때 쓰는 자소서는 대학 입시 과정을 미리 경험해본다는 이점도 있다. 또한 중학교에서의 활동과정과 독서활동을 정리하고 글로 표현해보았기 때문에 학생부 분석능력이 생기고 고등학교 활동과 독서 계획까지도 자연스럽게 정립된다.

■ **특목고/자사고 VS. 대입 자소서 내용**

학교	자기소개서 작성 내용
특목고/ 자사고	• 스스로 학습 계획을 세우고 학습해 온 과정과 그 과정에서 느꼈던 점 • 지원 학교에 관심을 갖게 된 동기 • 입학 후 활동 계획 및 진로 계획 • 본인의 인성(배려, 나눔, 협력, 타인 존중, 규칙 준수 등) 　위 내용을 나타낼 수 있는 개인적 경험 및 이를 통해 배우고 느낀 점
대입	• 스스로의 학습과정, 성장과정과 환경이 자신의 삶에 끼친 영향 • 지원 동기와 진로 계획을 위해 어떤 노력과 준비를 해왔는가 • 학업계획, 의미 있었다고 생각하는 교내활동 • 학교생활 중 배려, 나눔, 협력, 갈등 관리, 리더십 발휘 등 　위 내용의 실천 사례를 들고 그 과정을 통해 배우고 느낀 점

05

중학 3년간 쌓은 실력이 대학을 결정한다

선행학습과 심화학습은 필수이다

선행학습과 심화학습은 어디까지 하는 것이 좋을까? 제대로 된 선행학습과 심화학습이면 많이 할수록 좋다. 지나친 선행학습과 심화학습이 오히려 독이 될 수 있다는 의견도 있다. 하지만 입시 전문가들은 명문대 진학을 꿈꾼다면 충분한 선행학습과 깊이 있는 심화학습은 필수라고 말한다.

명문대 진학을 목표로 하고 있다면 선행학습과 심화학습은 선택이 아닌 필수이다. 많이 앞설수록 그만큼 시간을 벌 수 있다. 탄탄한 선행학습과 심화학습을 한 학생은 유리한 고지에서 출발할 수 있으므로 경쟁력에서 앞선다. 다만 선행학습과 심화학습은 아이가 소화할 수 있는 범위 내에서 이루어져야 한다.

그렇다면 선행학습이 먼저일까? 심화학습이 먼저일까? 선행학습이 되면 심화 문제를 쉽게 접근할 수 있다는 주장, 심화학습이 되면 선행학습은 편하게 할 수 있다는 주장이 있다. 대체적으로 심화학습을 체계적으로 하는 것이 우선이다. 심화 문제를 해결하는 능력이 몸에 배면 선행학습은 쉽게 이루어지기 때문이다. 이때도 중요한 것은 학생의 능력에 맞게 선행학습과 심화학습을 적절하게 선택하는 것이다.

선행학습은 기초가 다져졌다는 것을 전제로 해야 한다. 즉 현재 배우는 진도를 완전하게 익혀야 한다. 지금 배우고 있는 부분을 불완전하게 익힌 경우는 오히려 역효과를 내기 쉽다. 진짜 실력을 키울 생각은 하지 않고 남들이 하니 우리 아이도 시켜야겠다는 생각은 위험한 발상이다. 기초가 부실한 상태에서 건물의 층을 더 높이는 것과 같다. 자칫 공부에 대한 거부감을 크게 키울 수 있다. 어떤 과목이든 현재 진도에 대한 완전학습, 심화학습을 전제로 선행학습을 하는 것이 바람직하다.

선행학습, 누구에겐 약이 되고 누구에겐 독이 된다

선행학습은 제대로 준비하면 확실히 남들보다 앞설 수 있고 명문대 진학에 유리한 고지를 점령할 수 있다. 하지만 선행학습에 대한 지나친 욕심은 공부를 부실하게 하고 아이의 학습 의욕을 꺾는다.

선행학습이 학교 수업에 미치는 영향도 학생마다 다르다. '학교 수업을 이해하기 쉽다', '아는 내용이라 더 적극적으로 학교 수업에 참여했다' 등 긍정적인 반응을 보이는가 하면 '미리 학습한 내용이라 흥미를 잃었다' 같은 부정적인 반응을 보이기도 한다. 이처럼 선행학습은 약이 될 수도 있고, 독이 될 수도 있다. 약이 되는 선행학습을 하고 싶다면, '미리 학습한 다음 수업 시간에 100% 이해하고 넘어가야지'라는 마음가짐을 가져야 한다.

선행학습은 탐구욕을 충족시켜주고 성취감을 안겨준다. 이는 목표의식을 세우는 데 도움이 된다. 하지만 선행학습은 '양날의 칼'이다. 제대로 준비하지 못한 경우에는 정반대의 결과를 낳을 수 있기 때문이다. 진도 빼기 식 선행은 수박 겉핥기 공부가 되고 잘못된 학습 습관이 몸에 밸 수 있다.

독이 되는 선행학습에 대해 좀 더 자세히 살펴보도록 하자. 먼저 아이의 학력 수준을 고려하지 않은 선행학습은 독이 된다. 보통 부모의 욕심으로 밀어붙이는 경우이다. 기본학습과 심화학습이 이루어지지 않은 선행학습도 독이 된다. 탄탄한 기본학습이 이루어진 상태에서 심화학습과 병행해 이루어진 선행학습이어야 한다. 그래야만 아이의 지적 호기심을 자극하여 새로운 것을 배운다는 즐거움을 줄 수 있다. 마지막으로 선행학습 이후 학습 태도가 중요하다. 미리 배웠다는 이유로 학교 수업에 집중하지 않는다면 선행학습은 독이 되고 만다.

선행학습의 속도 조절에 실패하면 학습에 흥미를 잃을 수 있다. 선행학습을 소화하지 못해 좌절감을 느끼는 아이도 많다. '몇 년 앞서야 한다'는 규칙도 없는데 아이가 본래 진도도 아닌 선행학습을 하다 좌절을 느껴서야 되겠는가. 아이 학습 수준에 맞게끔 선행학습의 속도 조절을 신경 써야 한다.

중학 3년간 키운 내신 관리능력으로 고등학교 내신도 관리하라

특목고를 준비하는 학생 이외에는 중학교 내신에 크게 신경 쓰지 않을 수 있다. 그렇지만 내신 관리능력은 고등학교 생활에서 아주 중요하다. 고등학교 3년 동안 내신 관리를 얼마나 잘하느냐에 따라 입학하는 대학이 달라질 수 있기 때문이다. 중학교 3년 동안 내신 관리능력을 기르는 것이 좋다. 미리 시행착오도 겪어보고 노하우도 쌓아보는 것이다. 내신 관리 습관을 길러 고등학교에 진학해 실전에 돌입하는 게 훨씬 유리하다(물론 특목고를 준비하는 학생이라면 중학교 내신 관리가 실전이어야 한다).

내신의 핵심은 학교 수업이다. 시험을 출제하는 사람은 교사이다. 수업시간에 강조한 범위에서 문제가 출제되는 게 당연하다. 암기 과목은 해당 수업시간에 외워버린다는 마음으로 수업에 임히지. 따로 시간 내어 암기할 게 아니라 수업시간에 집중하여 끝낸다고 생각하자. 시간을 효율적으로 사용할 뿐 아니라 수업에 더 몰입할 수 있다.

분야에서 최고의 책이라는 의미를 주고 싶을 때 '교과서'라는 단어를 붙인다. 실제 흐름을 파악하는 데는 교과서 만한 참고서가 없다. 공부 고수들이 입을 모아 '교과서 중심으로 공부했다' 하는 이유가 그 때문이다. 그들은 암기할 정도로 교과서를 수차례 정독한다. 공부의 시작과 끝에는 항상 교과서가 있어야 한다.

전교 석차에 올인하는 경우도 있다. 그러나 중학교 내신 관리에서는 석차보다 관리능력을 기르는 데 중점을 두어야 한다. 실제로 중학교 때 최상위권 학생이었는데 고등학교 진학 후에는 그렇지 않은 경우도 있다. 중학교 내신에서 당장의 등수를 올리는 게 능사가 아니다. 멀리 보아야 한다. 대학 입시를 목표로 두고 고등학교 3년간을 보낼 내공을 쌓는다는 마음으로 접근하자.

중학 3년간 쌓은 영어·수학 실력이 입학 대학을 결정한다

대학 입시의 중심은 여전히 영어와 수학이다. 이것은 대학 입시 역사에서 한 번도 이견이 없던 불변의 진리이다. 심지어 절대평가제로 전환되더라도 그 지위는 흔들림이 없을 것이다. 영어·수학은 일반고나 특목고를 막론하고 대학 입시를 좌우하는 두 축이다. 외고는 대학 진학 실적을 고려해 수학을 잘하는 학생을 뽑고, 명문대 이·공계 수시에서는 영어 잘하는 학생을 선호한다. 수학은 변별력이 가장 큰 과목이고, 영어는 대학 진학 이후에도 기본으로 해야 하는 과목이기 때문이다.

다년간 중·고등학생을 지도한 교육계 종사자라면 중 2~3학년만 되도 그 학생이 어떤 고등학교 생활이 맞을지, 어떤 대학에 진학할지 알 수 있다. 판단 기준은 크게 두 가지이다. 하나는 영어·수학의 학력 수준이고, 다른 하나는 학습 태도이다. 학습 태도는 차치하고 결국 영어·수학 실력이 입학 대학을 결정한다고 봐도 과언이 아니다.

대학 입시에 성공해 명문대에 진학한 학생들이 고등학교 진학을 앞둔 후

배에게 가장 많이 하는 조언이 있다. 바로 영어·수학의 충분한 선행과 심화학습이다. 탄탄한 영어·수학 실력은 고등학교 생활을 제대로 할 수 있는 원동력이다. 또한 쟁쟁한 경쟁으로 팽팽한 긴장감으로 스트레스를 받기 쉬운 특목고에서조차 영어·수학 실력이 탄탄하면 고등학교 생활을 즐길 수 있다. 내신에 만전을 기할 수 있고 동아리 활동이나 논술 등을 보완하는 데 여유가 생기기 때문이다. 고등학교 3년간 알차게 시간을 활용하며 즐겁게 학교생활을 한 학생은 대학 입시에서 성공할 확률이 높다.

명문대를 목표로 하고, 특목고 진학 후에도 경쟁력을 갖추려면 영어는 고3 모의고사 2등급 이상이 나올 수준으로, 수학은 고등학교 교육과정을 모두 마치는 정도의 선행학습이 필요하다.

과거 과학고나 외고는 시험을 통하여 학생을 선발했다. 따라서 시험 준비의 기본과정으로 올림피아드나 각종 수학 경시대회 혹은 TOEFL이나 TEPS 등 인증시험을 준비하는 것이 필수였다. 하지만 내신 위주로 전형이 바뀜에 따라 수학 경시대회나 영어 인증시험의 무용론이 제기됐다. 하지만 명문대 입학을 목표로 한다면 수학 경시대회나 영어 인증시험을 통해 실력을 쌓아야 한다. 특목고 안에서도 결국 경쟁력을 갖춘 학생들이 명문대를 간다. 일반고도 마찬가지이다.

06

중1에 시작하는 대학 입시 맞춤 영어 학습법

영어 독서가 기본

동화책부터 영어 소설, 영어 신문까지 이어지는 꾸준한 영어 독서는 직독직해 능력을 향상시킨다. 그뿐만 아니라 글을 종합적으로 보는 눈을 길러 '매력적인 오답'을 걸러낼 능력을 키워준다. 단어의 뜻을 정확히 알지 못해도 문맥을 이해하여 주제를 파악할 수 있다.

영어 독서는 수능 1등급 유지의 필수요소인 문제 푸는 속도를 해결해준다. 또한 배경지식을 쌓는 데도 도움이 된다. 영어 독서 시에는 문학과 비문학의 균형을 맞추어 하는 것이 좋다. 가장 추천하는 비문학 영어 텍스트는 '영어 신문'이다. 영어 독서를 생활화하면 수능 문제 유형에 당황하는 일은 없을 것이다.

일찍 준비된 어휘는 은행의 '복리이자'와 같다

어휘력은 문제풀이 능력이다. 영어시험은 '어휘력 자신감'과 직결된다. 어휘는 일찍 준비할수록 그 힘이 강력해진다. 몰랐던 단어를 외웠다고 독해 시 문장 속 단어 뜻을 바로 인지하는 것은 아니다. 반복적인 학습으로 계속 크로스 체크하면서 자신의 언어로 구체화해야만 한다. 고3 때 외운 단어를 실전에서 써먹을 수 있는가?아니다. 일찍 준비된 어휘만이 수십 차례 자동 반복되어 비로소 실력으로 발휘한다. 단어를 암기할 때는 문장을 활용해 외우자. 문맥 속에서 뜻을 이해하는 능력이 높아지고 오래 기억할 수 있다.

듣기는 정성이다

심화어휘, 문법, 구문독해 실력이 뛰어나지 않더라도 수능 듣기 만점은 어렵지 않다. 꾸준하게 정성만 들이면 된다. 듣기 지문을 읽어보고 잘 안 들리는 문장은 통문장으로 외워보자. 대화의 핵심 문장은 반복해 읽어서 외운다. 스크립트를 직접 녹음해 들어보는 것도 효과적이다. 어휘력 확장과 마찬가지로 듣기 또한 일찍 시작하여 꾸준히 준비해야 한다.

문법을 설명할 수 있어야 한다

문법은 정확한 글 읽기를 위해서도 제대로 마스터해야 한다. 문법은 틀린 문제 위주로 공부하면 실력이 좋아진다. 틀린 문법 문제의 문법 개념을 정리한다. 그리고 왜 틀렸는지 스스로 설명할 수 있게끔 훈련한다. 단순히 '왠지 틀린 것 같은데…'에서 그치면 안 된다. 명확한 문법 개념을 들어 왜 틀렸는지 설명할 수 있어야 한다.

글의 패턴을 이해하고 주제를 파악하라

우리말로 번역하는 수준의 독해 연습으로는 실력 향상에 한계가 있다. '글쓴이가 말하려는 바가 무엇인가'를 염두에 두고 읽어야 한다. 글을 읽을 때 어떤 전개과정으로 구성되었고, 어디에 집중해 읽어야 하는지 모르면 해석은 해도 주제를 모를 수 있다. 습관적으로 글의 패턴을 이해하고 글의 주제를 파악하며 글을 읽는 습관을 길러야 한다.

영어 인증시험을 동기부여의 계기로 삼아라

제도가 바뀌어 TEPS, TOEIC, TOEFL 같은 영어 인증시험은 특별한 경우를 제외하고 전형에 반영되지도 않거니와 기재할 경우 영점 처리되는 불이익을 당한다. 하지만 영어 인증시험은 영어 심화학습으로 삼기 좋다. 확실한 목표를 세워 공부하는 것이 가능하고 시험 결과가 좋으면 성취감이 크다. 또한 실력을 객관적으로 파악할 수 있어서 더욱 발전하는 자극제가 된다.

07 중1에 시작하는 대학 입시 맞춤 수학 학습법

얼마전 고교생의 절반 이상이 수학을 포기한 '수포자'라는 언론보도가 있었다. 특목고나 자사고 학생들도 수학을 가장 어려운 과목으로 꼽는다. 그런데 이 말은 역으로 수학이 상대적으로 강력한 무기가 될 수 있다는 뜻이다. 그런 의미로 수학 문제 1~2개 차이로 대학 합격 여부가 달라진다고 해도 과언이 아니다.

확실한 개념 정리가 생명이다

수학은 개념의 학문이다. 완벽한 개념 정리가 되지 않은 채 문제를 푸는 것은 모래 위에 집을 짓는 꼴이다. 다른 친구에게 완벽하게 설명할 수 있을 정도로 교과서(또는 기본서)를 공부해야 한다. 한 줄 한 줄 논리 전개 과정을 꼼꼼히 이해하고 모든 공식을 유도해보자. 공식 유도를 해본 학생과 그렇지 않은 학생의 차이는 엄청나다. 응용력은 문제풀이에서 나오는 것이 아니라 확고한 개념 이해에서 나온다는 것을 명심하자.

모든 수학책에는 '예제', '필수예제', '필수유형' 등의 이름으로 된 문제들이 있다. 이는 기본개념 문제가 어떤 식으로 나오는지 보여주는 것이다. 그런 만큼 시험에 출제될 확률도 높다. 기본개념문제들은 암기 수준으로 반복해서 공부해야 한다. 그래야 시험에서 문제 푸는 시간을 줄일 수 있다. 난도 높은 문제를 해결하는 데에는 일정한 시간이 필요하기 때문이다.

해설지의 유혹을 과감히 뿌리쳐라

수학 문제를 풀다 보면 막히는 문제를 만나게 된다. 이때 곧바로 해설지를 보면 당장은 막힌 게 풀려 시원하겠지만 수학 실력이 향상되지는 않는다. 해설지를 보지 않고 스스로 풀어보려는 그 순간 수학적 사고력이 향상된다. 문제를 풀어내고자 자신이 알고 있는 내용을 여러 방법으로 적용시키는 연습이 중요하다. 시간 여유가 있다면 한 문제를 풀기 위해 하루 온종일 고민해보는 것도 좋다. 그러한 경험이 쌓이면 무서운 힘을 발휘한다.

노트에 푸는 습관을 가져라

책은 연습장이 아니다. 수학 교재에 풀이과정을 쓰기에는 여백이 턱없이 부족하다. 다 쓸 수 있다 하더라도 논리적인 전개 과정을 일목요연하게 정리하기가 어렵다. 또한 책에다 한 번 풀어놓으면 두 번째 풀 때 은연중에 풀이과정을 보게 되므로 복습 효과가 떨어진다. 수학 문제는 별도의 노트에 풀고 책에는 오답 표시 정도만 하는 것이 바람직하다.

세상의 모든 수학 문제는 서술형이다

수학 문제를 맞고 틀리고가 중요한 게 아니다. 그보다 문제 풀이과정에 수학 원리를 논리적으로 서술할 수 있느냐가 중요하다. 서술형(또는 논술형)이라고 명시된 문제만 서술형 문제가 아니다. 모든 수학 문제는 서술형이라는 마음으로 풀이과정을 정확하게 서술하고 그 과정마다 명확하게 설명할 수 있어야 한다. 문제를 푸는 데 1시간이 걸렸다면 틀린 문제를 완전히 분석하여 다시 풀어보고 검증하는 데에도 1시간이 걸려야 한다. '다시 풀었더니 답이 맞았다'에서 그치면 안 된다. 그 과정이 논리적으로 왜 맞는지 검증할 수 있어야 수학 실력이 향상된다. 이러한 공부 습관이 대학별 논술고사에 큰 도움이 된다.

매끼를 먹듯 수학 문제는 매일 풀어야 한다

중·고교 수학은 문제 풀이능력이 핵심이나, 기본개념과 함께 실전 감각을 익히는 것도 중요하다. 시험은 정해진 시간에 정해진 문항수를 소화해야 하기 때문이다. 아무리 수학을 잘하던 학생이라도 몇 주 동안 수학 문제를 풀지 않으면 감각이 떨어져 이전의 성적을 거두기 어렵다. 매일 계획을 세워 풀면서 감각을 유지하도록 한다.

120점짜리 공부를 해야 100점을 맞는다

명문 대학을 가고자 하는 학생이라면 90점에 만족할 것이 아니라 100점을 목표로 공부해야 한다. 100점을 맞기 위해서는 소위 '킬러문제', '100점 방지용 문제'라 불리는 어려운 문제를 풀어내야 한다. 평소에 고난도 문제를 많이 접해보아야 한다. 공부했던 심화 문제가 시험에 그대로 출제되지는 않는다. 그렇지만 심화 문제 풀이과정 중 접하는 다양한 풀이방법이나 새로운 개념은 수학 실력을 확 끌어준다.

CHAPTER 02

입시 전쟁터,
엄마는 무엇을
해야 하나?

01
엄마의 잘못된 정보가
아이의 미래를 망친다

대학 입시, '정보력'이 가장 강력한 무기이다

모집요강은 입시의 교과서이다

진학을 희망하는 학교의 입학요강을 읽어보자. 특목고 진학이든 대학 진학이든 모집요강을 꼼꼼하게 읽어보자. 여러 학교의 입시요강을 비교해보면 공통점과 차이점이 보인다. 그 과정에서 자연스럽게 분석능력이 생기며 희망하는 학교에 맞는 입시 전략을 세울 수 있다.

교육에 조예가 깊은 엄마들조차도 정작 자녀가 진학하고자 하는 학교의 모집요강 읽기는 제대로 하지 않는 게 안타깝다. 모집요강 안에 길이 있으니 눈에 불을 켜고 읽어보자.

모의고사 성적표부터 제대로 읽어라

학습 계획을 세울 때 척도가 되는 일순위는 바로 모의고사 성적표이다. 그런데 부모들 중에는 모의고사 성적표를 들여다본 적이 없어 자녀의 과목별 등급을 모르기도 한다. 심지어 백분위나 표준점수 같은 입시 기본 용어조차 생소해한다. 모의고사 성적을 토대로 학습 상태를 분석하고 계획을 세우기까지는 못하더라도 과목별 등급이나 백분위 개념 정도는 알아두자.

스마트폰을 활용하라

자녀의 중간·기말 고사, 모의고사 성적표는 사진으로 찍어 스마트폰 한 곳에 저장해놓자. 한 해 동안의 시험 일정이나 학교 행사 등을 메모해놓도록 한다.

일부 사례를 일반화하지 마라

"특정 악기로 음대를 준비하면 희소성 때문에 합격이 보장된다.", "다른 과목은 성적이 좀 떨어지지만 영어 하나는 뛰어나니 영어 한 과목으로 대학 가는 전형을 준비하려 한다." 같은 극히 일부 사례만 믿고 이리저리 휩쓸리는 건 대학 입시에 전혀 도움이 되지 않는다.

중학교 때 지나치게 자녀의 내신과 석차에 연연하는 부모가 많다. 학력 수준보다 눈앞의 성적에만 관심을 갖는 건 숲을 보지 않고 나무만 보는 격이다. 중학교 때부터 내신으로 승부를 보려는 생각, 즉 수시전략만 염두에 두는 건 좋지 않다.

'8등급 맞고도 입학사정관제로 명문 대학 간다'라는 신문기사를 모든 아이에게 적용하면 안 된다. 특별한 사례이기 때문에 기사화된 것이다. 비하인드 스토리를 모르는 한 신문기사를 무작정 믿어서는 안 된다. 잘못된 정보에 휩쓸려 엉뚱한 학원을 다니거나 가망 없는 입시전형을 준비하면서 시간과 비용을 허비하지 말자. 시간은 한 번 지나면 돌이킬 수 없다. 아이의 미래에 치명타가 될 수 있다.

엄마가 바로 서지 않으면 아이의 미래는 없다

아이가 알아서 잘해주면 좋으련만 엄마 마음 같지 않다. 기대가 크면 실망과 갈등도 클 수밖에 없다. 모든 것을 내려놓고 싶을 때기 힌두 번이 아니다. 하지만 엄마가 슬럼프에 빠지면 아이는 수렁에 빠진다. 아이 교육만큼은 마지막 순간까지도 포기할 수 없는 이유이다.

스스로 목표와 계획을 세우고 열정적으로 공부하여 부모님으로부터 칭찬받으며 생활하는 아이가 얼마나 될까? 아이를 감시하고 공부하라 잔소리하고 싶은 엄마는 단 1명도 없다. 아이 스스로 목표의식을 가져야 효율성이 더욱 높다는 것을 모르는 엄마는 없다. 그런데 다른 아이들은 모든 것을 잘하는데 유독 내 아이는 별난 것 같다. 많은 엄마들이 같은 생각이다. 이럴 때일수록 우리 아이의 긍정적인 부분을 찾자. 항상 멀리 본다는 마음으로 아이 교육에 임해야 한다.

엄마는 대학 입시 전문가여야 한다

변하는 대입전형, 입시 달인이 돼라

아이가 중학생이 되었다. 엄마는 아이의 퍼스널 입시 전문가가 되어야한다. 왜 엄마의 전략이 중요할까? 입시 전략은 장기적으로 준비하고 실행해야 좋은 결과를 가져올 확률이 높다. 명문대에 진학한 선배들의 예를 보더라도 중학생(빠르게는 초등학생) 때부터 전략적으로 준비했다. 아이의 장단점을 객관적으로 파악한 후 고교 선택부터 대학 입시까지 아이 맞춤형 전략을 세워야 한다.

엄마는 변하는 입시에서 핵심을 파악하여 그에 맞는 전략을 세워야 한다. 그 핵심이 바로 입시 원리이다. 너무 세세한 것에 신경을 쓰다 보면 오히려 핵심을 놓칠 수 있다. 입시 정책은 변화를 거듭해왔고 앞으로도 변화할 것이다. 입시 변화의 흐름을 꿰뚫기 위해서는 끊임없이 입시 원리를 학습해야 한다.

이를 위해서는 입시 정보력이 바탕이 되어야 한다. 입시 설명회에 참여하고 입시 관련 사이트와 친해지고 입시 관련 서적을 읽어라. 기회가 된다면 공통 관심사를 가지고 있는 엄마들과 이야기를 나누어 정보를 공유하는 것도 좋다. 특히 입시 설명회에서 받은 자료는 최신 알짜 정보인 경우가 많으므로 반드시 정독하도록 한다.

입시의 큰 틀을 정확하게 이해하자. 엄마가 입시 제도나 입시 원리를 정확하게 알면 아이에게 적합한 고등학교가 어디이고 그 학교에 들어가서 대학 입시 준비를 어떻게 해야 하는지가 명확해진다. 제대로 된 입시 정보력을 발판으로 대학 진학의 밑그림을 그리고 내 아이에게 맞는 맞춤 전략을 세우자.

내 아이의 정확한 위치부터 파악하라

아이의 학습 수준을 먼저 파악한 후에야 입시 방향을 정하고 그 방향에 맞는 전략 수립이 가능하다. 다음은 자녀에 관하여 먼저 파악해야 할 사항이다.

① 내 자녀의 목표의식은 확고한가?
② 스스로 하는 학습 습관이 잡혔는가?

③ 동기부여를 적절하게 해주고 있는가?

④ 아이의 적성과 원하는 바가 무엇인지 파악하고 있는가?

⑤ 자녀가 시간 관리를 잘하고 있는가?

⑥ 과목별 학습은 제대로 하고 있는가?

⑦ 핵심과목인 영어·수학의 선행과 심화는 어떤가? 선행학습과 심화학습
   에 대한 태도는 어떠한가?

⑧ 학교에서 내 아이의 경쟁력은 어느 정도인가?

⑨ 엄마가 제대로 못해주는 부분은 무엇인가?

⑩ 자녀와 가장 큰 트러블은 언제 발생하는가?

⑪ 집중력은 어느 정도이고 좀 더 높일 수 있는 방법은 무엇인가?

⑫ 지금 이대로만 한다면 목표로 하는 고등학교나 대학교는 어렵지 않게
   들어갈 수 있는가?

⑬ 친구 관계가 학습에 긍정적인가 혹은 부정적인가?

⑭ 지금 자녀에게 가장 큰 공부 방해 요소는 무엇인가?

⑮ 독서 활동은 어떻게 하고 있는가?

내 아이의 퍼스널 입시 매니저가 돼라

학습에 두각을 나타내는 아이는 확실한 꿈과 목표가 있다. 꿈과 목표가
없으면 생각의 폭과 행동이 좁아진다. 이때 부모의 역할이 중요하다. 아이
가 꿈을 향해 나아갈 수 있도록 도와주어야 한다.

아이 스스로 선택하여 실천하게 하라. 자기주도 학습은 무서운 힘을 발휘한다. 자신의 일을 스스로 계획하여 실행하는 아이는 그렇지 않은 아이보다 효율성에서 큰 차이를 보인다. 공부에 대한 열의가 없으면 아무리 좋은 방법을 동원해도 별 효과가 없다.

아이에게 할 수 있다는 자신감을 심어주어야 한다. 칭찬과 격려는 자신감을 북돋우는 가장 좋은 수단이다. 아이가 학습에 흥미를 가지게끔 여러 방법을 제시해주자. 스스로 노력하면 자신이 세운 목표를 이룰 수 있다는 자신감과 성취감을 심어주자. 부모의 칭찬과 격려는 아이에게 가장 커다란 원동력이 된다.

최고의 전략가는 동기부여부터 시작한다. 공부에 지친 아이에게도, 스스로 잘해내는 아이에게도 동기부여는 계속되어야 한다. 흥미만한 강한 동기부여는 없다. 머리가 좋은 사람은 노력하는 사람을 이기지 못하고 노력하는 사람은 즐기는 사람을 이기지 못한다. 좋아하는 것에 빠져 즐거움을 느낀다면 꿈은 자연히 이루어진다. 아이가 관심사를 찾을 수 있게끔 유도하자. 엄마는 가장 가까운 곳에서 아이를 세심하게 관찰하는 유일한 매니저가 되어야 한다.

때가 되면 알아서 공부할 거라는 생각은 위험하다. 교육은 일찍 시작할수록 좋다. 하지만 아이 스스로 문제를 해결해 나가기는 어렵다. 아직은 미성숙하여 성인의 도움이 필요하다. 정확한 목표를 세우고 꾸준히 노력할 수 있도록 부모의 지원이 절실하다.

아이의 학년이 올라갈수록 엄마가 직접 가르치고 확인하는 것이 어려워진다. 불가능한 건 아니지만 불필요한 에너지를 낭비할 필요는 없다. 아이 스스로 공부하도록 해야 한다. 엄마는 아이의 퍼스널 교사가 아닌 퍼스널 입시 매니저가 되어야 한다. 아이에게 맞는 공부 방법, 학습 계획, 시간 관리, 동기부여 등 엄마가 할 일은 따로 있다.

엄마는 공부 환경을 만들어주어야 한다

스터디 메이트 관리는 엄마의 몫이다

성공적인 학습의 3요소는 학생 개인의 역량, 교사(또는 부모 등의 멘토), 팀워크라고 생각한다. 우수한 학생들은 함께 있으면 서로 자극이 된다. 보고 배우고 느끼며 경쟁하기 때문이다. 좋은 팀워크가 있다면 힘든 줄 모르고 공부에만 매진할 수 있다.

좋은 자극을 주는 친구가 옆에 있으면 어려움은 반으로 줄고 즐거움은 배가 된다. 발전하는 속도도 엄청나다. 비슷한 수준의 아이들과 무리를 지어 학습하도록 하여 긴장감을 유지하고 도전의식을 높여주자. 적당한 승부욕은 훌륭한 자극제가 되어 집중력을 키워준다. 집중력은 최상위권이 되기 위한 필수 조건이다.

부모가 독서하는 모습을 보이자

아이가 책을 읽기를 바란다고 책 읽기의 필요성을 설교하지 말자. 엄마가 책을 읽는 모습이 최고의 설교이다. 입시 관련 서적, 학습법 등 자녀 교육 분야 도서를 읽으면 아이에게 귀감이 될 뿐만 아니라 아이의 입시 전략을 세우는 데에도 도움이 된다. 아이들의 필독서를 함께 읽는 것도 좋다. 책 내용에 대해 아이와 의견을 교환하고 토론한다면 금상첨화다. 책 내용이나 느낌에 대해 한두 마디 질문하는 것도 좋다.

강요에 의한 책 읽기는 한계가 금방 드러난다. 아이가 책을 읽지 않는다면 이유를 찾아보자. 책을 읽고 싶은 마음이 들게끔 동기부여 방법을 모색하라. 아이가 책과 친해지게 만드는 과정에서 부모의 역할은 크다.

지시와 요구가 많으면 아이가 중심을 잃는다

지시와 훈계를 하지 말고 대화를 하자. 토론이라면 더욱 좋다. 저녁무렵 하루를 돌이켜보면 아이에게 지시한 기억은 있어도 정작 대화한 기억은 거의 없음을 느낄 것이다. 대화의 화제가 중요하다. 지시에 의하여 아이를 변화시키는 데에는 한계가 있지만 대화는 아이를 크게 변화시킨다. 대화의 화제를 미리 생각하고 아이와 대화를 시도해보자.

요구나 바람을 1/5로 줄이자. 요구나 바람 중 80%는 하지 않는 것이 낫다. 효과도 없고 오히려 역효과만 낳는다. 부모들은 본인이 지나치게 많은 요구와 지시를 하고 있다는 사실을 모른다. 꼭 필요한 경우에만 조용히 반복해서 말하고 천천히 기다리자.

엄마는 매니저로서 자녀의 학습 체크를 할 필요가 있다. 하지만 지나치게 짧은 간격의 학습 체크는 아이에게 감시받고 있다는 느낌을 안겨준다. 학습 체크는 적당한 긴장감을 불어 넣고 집중력을 높이는 방향으로 이루어져야 한다. 아이가 잘하고 있는지 점검하는 빈도를 점차 줄여 나가자.

처음에는 자주 칭찬해주어야 한다. 무조건적인 칭찬에서 선별적인 칭찬으로 바꿔 나간다. 가령 공부할 때마다 칭찬했다면 집중해서 학습하거나 다소 난도가 높은 문제를 풀었을 때 칭찬하는 식이다. 결과보다는 과정과 노력에 대한 칭찬이 좋다.

상위 1%가 되려면 99%가 하는 행동을 따라 하지 마라

상당수 고3 수험생들은 스마트폰을 포기하고 2G폰으로 바꾼다. 스마트폰의 폐해를 누구보다도 잘 아는데도 휴대폰을 바꾸는 시점은 시험이 목전에 다가온 고3이 되어서다. 주목할 건 특목고 학생들은 3년간 스마트폰에 시간을 빼앗기지 않는다는 점이다.

어설픈 휴대폰, 컴퓨터 통제는 안 하느니만 못하다. 지시나 감시를 통해서가 아니라 스스로 조절할 수 있어야 한다. 통제에는 한계가 있다. 휴대폰을 컨트롤할 능력이 아이에게 없다면 버리도록 하는 강수도 필요하다.

04

각 분야 전문가의 도움을 얻어라

믿고 따를 수 있는 멘토를 찾아라

학습 습관이 잡히고 학업 성적도 좋은 아이 옆에는 대개 믿고 따르는 멘토가 있다. 부모가 이 역할을 해줄 수 있다면 가장 좋겠지만 여의치 않다면 아이에게 멘토를 찾아주자. 실제로 멘토의 한 마디에 갑자기 생각을 고쳐먹고 공부 태도가 바뀌기도 한다. 평소 부모에게 귀에 못이 박히도록 들었던 말이었다 해도 멘토가 하면 달리 들리나 보다. 멘토가 아이의 장점을 발견하여 격려와 칭찬을 해주면 그 아이의 인생 행로가 바뀔 수 있다. 가까운 친척이 이런 역할을 할 수 있다면 더할 나위 없다. 끊임없이 멘토를 찾고 직접 만나서 이야기를 듣도록 해라.

일찍 전문가의 상담을 받아라

아이 교육 관련 전문가 상담은 일찍 시작할수록 좋다. 이미 시간이 많이 경과한 다음에는 상담한들 소용이 없다. 가급적 아이가 저학년일 때 교육 전문가를 찾아가 공부법, 학습 습관, 목표의식, 동기부여에 대하여 상담을 받자. 아무리 뛰어난 상담가라 해도 준비가 안 된 학생에게는 해줄 말이 없다. 조치를 취해도 아무런 도움이 되지 못할 시기에 고액을 들여 전문가 상담을 요청한들 흘러간 시간은 되돌릴 수 없다.

전문 학원의 도움도 필요하다

많은 엄마늘이 학원 선택을 대수롭지 않게 생각한다. 학교 성적이나 수행평가 성적에는 민감한 반응을 보이지만 학교 다음으로 아이가 시간을 보내는 학원은 그리 신경 쓰지 않는다. 학교 교육만으로 괄목할 만한 실력 향상을 꾀하기는 어렵다. 아이에게 맞는 학원, 즉 학교 성적뿐 아니라 고등학교의 경쟁력까지 확보해줄 수 있는 학원으로 입시 지도나 학습 코칭까지 해줄 수 있는 학원을 찾아라. 반드시 담당 강사 또는 원장과의 상담을 정기적으로 해야 한다. 특히 특목고 입시를 준비 중인 중학생이라면 전문 학원의 노하우라 할 수 있는 정보력과 분석력이 필요하다. 특목고를 대비하여 특화된 교육을 받고 관리를 받는다면 좀 더 체계적으로 준비할 수 있다.

훌륭한 퍼스널 매니저 요건

선배 엄마들의 특징을 눈여겨보라

'권위가 있다', '지나치게 많은 요구나 지시를 하지 않는다', '학습과 진학에 대한 중심이 잡혀 있다', '입시에 무지한 엄마가 없다' 등은 자녀를 명문대에 보낸 엄마의 특징이다.

인내심을 가지고 포기하지 말라

엄마들 중 일부는 아이에게 올인하다가도 어느 순간 너무 쉽게 모든 것을 내려놓는다. 나름대로 수많은 갈등과 좌절 속에서 나타난 결과라고 하지만 엄마의 역할을 잘못 이해했기 때문에 나온 결과라고 본다. 엄마가 다 해줄 수는 없다. 다만 신중을 기하여 꼭 해줘야 하는 부분이 있다. 그 부분에 집중하되 실망과 갈등은 존재할 수밖에 없음을 받아들이자. 어떠한 상황에서도 자녀 교육을 포기해서는 안 된다.

체계적인 관리가 아니면 모두 방치이다

엄마는 감시자나 통제자가 아니라 체계적인 관리자여야 한다. 감시나 통제는 방치했을 때와 같이 역효과를 낸다. 감시자나 통제자인 엄마의 목소리 톤은 항상 크다. 우선 목소리 톤을 낮추어야 한다. 그리고 체계적인 관리자가 되기 위해서는 아이의 진로에 대해 항상 열린 마음으로 배움의 자세만 가지면 된다.

'넷 프렌즈'를 만들어라

입시 관련 사이트에 매일 접속하라. 좋은 입시 사이트에 매일 접속하는 것만으로도 전문가가 될 수 있다. 입시에 관련된 가장 중요한 것들을 얻을 수 있는 곳이다. 좋은 입시사이트 2~3곳에서 인터넷상의 친구들을 만들어 보자. 수시로 사이트를 접속해 친목을 다지고 정보를 공유하자.

엄마들 모임을 친목 모임이 아니라 스터디 모임으로 만들어라. 엄마들 모임 수준을 높이는 것이다. 아이들 성적에 대한 얘기나 자랑, 걱정거리나 쏟아내는 수다 모임이 아니라 입시 정보 스터디 모임으로 만들자. 대화 화제가 중요하다. 모임은 양질의 정보를 공유하는 장이 되어야 한다.

교육에 관심과 조예가 있는 사람들과 친하게 지내자. 담임교사, 진학 담당교사, 강사, 입시 전문가 등 조언을 구할 전문가를 찾고 끊임없이 질문하자. 엄마가 기댈 수 있는 전문가 멘토를 두는 것도 중요하다.

CHAPTER 03

특목고를 준비하면 명문 대학이 보인다

01
특목고를 목표로 하라

왜 특목고를 준비해야 하는가?

특목고 준비는 대학 입시를 준비하는 전초전이다. 특목고 입시를 준비하는 동안 중학 내신 관리를 해야 하고, 특목고 입학 후를 대비한 선행학습과 심화학습이 이루어져야 한다는 뜻이다. 이를 위해서는 올바른 학습 습관이 잡혀 있어야 한다.

일반고든 특목고든 입시 준비는 큰 차이가 없다. 준비 과정, 준비 방법, 준비 정도의 차이가 있는 것처럼 얘기하는데 그렇지 않다. 특목고에 진학할 생각이 없으면 선행학습과 심화학습을 준비할 필요가 없다고 생각할 수 있다. 그런데 이는 조금은 안일하고 목표의식이 부족한 발상이 아닐까? 중요한 것은 대학 진학이므로 특목고와 일반고 준비가 달라야 할 이유가 없다.

그보다는 특목고에 진학할 정도의 실력을 갖추었는지가 관건이다. 그렇다면 왜 특목고를 목표로 준비해야 하는지 차근차근 이유를 짚어보겠다.

목표가 확실하면 학습 소화량이 다르다

목표가 있는 학생은 그렇지 않은 학생에 비하여 학습 태도에서부터 생활 습관에 이르기까지 마음가짐이 다르다. 공부에 대한 집중력과 열정 또한 뚜렷한 차이를 보인다. 따라서 비슷한 학습능력이라도 목표가 있는 학생은 그렇지 않은 학생보다 훨씬 많은 학습량을 소화할 수 있다.

선행학습과 심화학습이 이루어진다

특목고를 목표로 준비하면 영어, 수학, 과학 등 과목의 선행·심화 학습을 하게 된다. 혹시 특목고에 합격하지 못하더라도 준비과정에서 쌓은 학습은 3년 후 대학 입시에서 큰 자산이 된다. 더불어 고등학교 생활을 좀 더 여유 있게 해준다.

대학 입시를 미리 경험한다

특목고를 준비했던 학생이라면 고등학교 진학 후에도 어떻게 대학 입시를 준비해야 하는지 알게 된다. 심화학습, 내신 관리, 자소서 준비들을 경험하면서 대학 입시를 치러본 것에 준하는 정도의 경험을 쌓기 때문이다. 교과, 비교과, 자소서 준비 경험을 바탕으로 고등학교 3년간의 계획을 수월히 세울 수 있다.

특목고를 선택하지 않아도 성공이다

특목고에 합격하면 명문대 입학이 보장되고 일반고에 진학하면 명문대 진학이 힘들까? 결코 그렇지 않다. 특목고에 진학할 충분한 자격과 실력을 갖추고서도 전략적으로 일반고에 진학하는 경우도 있다. 특목고 준비는 하되 지원과 선택은 전략적으로 이루어져야 한다.

대학 입시의 역사에서 특목고는 단 한 번도 불리했던 적이 없다

대학 입시 제도가 어떻게 바뀌든지 변치 않는 것이 있다. 대학은 다양한 방법으로 최고의 학생을 선발하고자 한다는 사실이다. 중학교 때 우수한 학생을 선발하여 고등학교 3년간을 더 좋은 교육환경에서 단련시킨다. 그다음 그중 우수한 학생들을 뽑고자 하는 것은 당연한 이치인 것이다. 매년 특목고의 유·불리함을 논하는 기사와 논의가 있다. 하지만 특목고 출신들의 명문대 진학률은 언제나 최상위였다. 특목고가 대학 진학에 특화되어 있는 것은 사실이다.

특목고 준비는 특별한 학생만 하는 게 아니다

특목고 준비 시점은 아주 중요하다. 그런데 최상위권이 아니어도 특목고 준비가 가능할까? 준비하면 좋다. 준비를 권하는 몇 가지 이유가 있다.

자신도 모르는 사이에 학습능력과 태도가 변한다

특목고 진학을 목표로 하는 것 자체가 학생에게는 강한 동기부여가 된다. 특목고를 염두에 두지 않다가 특목고 진학을 목표로 삼으면 마음가짐이 달라지는 것이다. 이는 학습능력을 높이는 역할을 한다. 이러한 긍정적인 변화는 아이들의 자신감과 성취감을 높여준다.

고등학교 준비가 깊이 있고 체계적으로 이루어진다

특목고에 불합격하더라도 그것을 위해 준비했던 실력은 고스란히 고등학교 공부의 밑거름이 된다. 그리고 고등학교 진학 후 그 힘을 발휘한다.

자신의 위치를 정확하게 파악하게 된다

특목고를 준비해본 학생은 자신의 경쟁자들이 얼마나 준비됐는지 실감한다. 그럼으로써 자신의 부족함을 되돌아볼 수 있다. 그래서 특목고를 준비해온 학생이 일반고에 진학하게 되더라도 객관적으로 자신을 파악하는 방식은 큰 도움이 된다.

눈높이가 높아진다

학생들의 잠재력은 무궁무진하다. 본인이 최상위권으로 도약하겠다는 의지만 있으면 더 높은 수준의 대학을 목표로 매진하면 된다. 의지만 확고하다면 목표 대학 진학을 위해 특목고 진학 여부에 상관없이 학습량을 최고 수준으로 끌어올릴 수 있다.

과학고를 준비하면 진학에 실패해도 명문 대학에 갈 수 있다

SKY 합격자들은 특목고 학생이거나 특목고를 준비했던 학생이다

SKY 합격자들 모두가 특목고 학생은 아니어도 그들 대부분은 특목고를 준비한 경험이 있다. 특히 서울대 합격자들은 대개 영재학교, 과학고 준비생들이다. 특목고 출신이거나 특목고에 떨어졌거나 아니면 전략적으로 일반고를 선택한 학생들이다. 특목고 준비과정에서 이미 다른 학생들이 따라갈 수 없을 만큼 실력을 쌓았기 때문에 다양한 고등학교에 진학했더라도 대학 입시에서는 그들만의 최종 결선을 치르는 것이다.

과학고 준비 시점을 주목하라

자녀를 특목고에 진학시키고자 하는 학부모들이 언제부터 준비를 시작했는가를 살펴보면 학교마다 차이가 있다. 외고나 자사고 준비는 중학교 1학년 때부터가 일반적이다. 영재학교나 과학고 준비는 보통 초등학교 3~4학년, 심지어 그 이전부터 준비한다. 다른 세상의 이야기인 듯하지만 일부에서는 일찍부터 그들만의 리그전을 치르고 있다.

과학고는 실패해도 보상이 주어진다

일반고에서 서울대에 합격한 학생들이 대개 특목고, 특히 과학고 준비생이었다는 점은 시사하는 바가 크다. 과학고 준비과정에서 이미 최상위권의 실력을 갖추어 놓았기 때문에 과학고에 떨어지더라도 실망할 필요가 없다.

일반고에서 다양한 전형을 활용하면 대학 입시에 유리하다. 특히 과학고 준비과정에서 입시를 치러본 경험은 이후 명문 대학 입시를 준비할 때 큰 도움이 된다.

자사고와 외고는 과학고 준비생을 선호한다

전국단위 자사고와 외고는 과학고 준비생을 선호한다. 영재학교와 과학고 준비생들이 특목고를 한발 앞서 준비했고, 좀 더 경쟁력을 갖추고 있음을 알기 때문이다. 영재학교나 과학고를 제대로 준비한 학생들은 수학, 과학, 영어 등에서 당장 수능시험을 보더라도 최고 등급을 받을 수 있는 실력이다. 자사고나 외고 면접에서는 영재학교나 과학고를 준비했지만 나름의 이유로 자사고나 외고로 방향을 전환했다고 하는 지원자가 주목받는다. 명문대 진학을 위한 모든 준비가 완료된 학생을 선점하려는 것이다.

특목고 준비는 필수, 특목고 진학은 선택

특목고 준비를 착실히 했더라도 고등학교 선택은 대학 입시를 고려해 전략적으로 이루어져야 한다. 자녀에게 특목고가 맞는지, 일반고가 유리한지 꼼꼼하게 체크해야 한다. 다음은 자녀가 특목고에 맞는지 결정하는 방법이다.

결정은 반드시 아이가 해야 한다

부모의 의지가 아닌 아이 스스로 결정해야 목표의식이 생긴다. 그래야 실패했을 경우에도 부정적 여파가 줄어든다. 결정은 아이가 하고, 부모는 조언자나 상담자, 전략가여야 한다.

아이를 가르쳤던 다수의 선생님으로부터 조언을 얻어라

직접 가르쳐본 사람은 아이가 특목고에 적합한지 일반고에 적합한지 파악할 수 있다. 중2, 중3 때 학과목 선생이나 담임, 학원 강사 등으로부터 객관적 의견을 들어본다. 이를 종합하여 아이와 의견을 나누어보면 어떤 방향이 좋은지 알 수 있다.

특목고 관련 텍스트를 아이와 함께 읽고 의견을 들어라

책, 수기, 학습법 등을 읽은 다음 아이의 의견을 들어본다. 대부분 이러한 텍스트들은 특목고에 대한 긍정적인 평가를 유도한다. 아이에게 동기부여를 심어줄 수 있다. 또한 특목고 진학을 어떻게 준비해야 하는지 유의해야 할 점은 무엇인지 알 수 있다. 서평을 참고하고 추천을 받아 부모가 미리 읽어본 후 권하는 것이 좋다.

영어 · 수학의 선행 · 심화 학습이 되었는가

특목고 진학 후 학교 적응에 가장 큰 영향을 미치는 요소는 영어 · 수학의 선행 · 심화 학습 유무와 학습 습관이다. 모르는 것을 건성으로 넘어가지 않고 어려운 것도 끈질기게 자기 것으로 만들려는 학습 습관이 있다면 선행학습이 조금 부족해도 진학 후 좋은 결과를 기대할 수 있다.

진로, 적성을 우선적으로 고려하라

좋은 대학에 진학하고자 하는 방편으로 특목고를 선택한다. 하지만 가장 먼저 생각할 부분은 '하고 싶은 일이 무엇인가?'이다. 아무리 입시가 목적이라 하더라도 특목고는 분명 교육과정부터 일반고와 다르다. 진학하려는 학교가 아이의 진로나 적성에 부합하는지 반드시 고려해야 한다. 법조인이 되고 싶은 학생에게 과학고는 오히려 진로의 걸림돌이 될 수 있다.

특목고를 준비하는 마음가짐

합격만을 생각하면 안 된다

많은 준비가 없어도 특목고 진학이 가능한 시대가 되었다. 그래서 체계적인 준비 없이 다른 사람들이 가니까 나도 가겠다는 경우가 많다. 부모의 체면 때문에 특목고를 지원하기도 한다. 그러나 이런 경우에는 진학 후에 크나큰 부정적 파장이 일어날 수 있다. 좋은 환경 속에 데려다 놓으면 잘할 수 있을 거라는 막연한 기대가 아이의 미래를 망칠 수 있다. 특목고는 합격보다 진학 후의 적응과정이 더 힘들다. 진학 후에 경쟁력을 확보하지 못할 바에야 차라리 진학하지 않는 편이 낫다. 우선 붙고 보자는 식의 준비되지 않은 특목고 진학은 반드시 실패한다.

특목고 준비는 대학 입시 준비의 과정이다

특목고든 일반고든 종착점이 아니다. 새로운 시작점이다. 합격보다는 진학 후의 경쟁력을 염두에 두어야 한다. 아이에게 끊임없이 특목고 준비의 목적을 일깨워주자.

특목고 진학 여부가 성공과 실패를 결정짓는 것은 아니다

특목고에 합격하면 성공이고, 특목고에 입학하지 못하면 실패라는 생각은 위험하다. 만일 특목고 진학에 실패했더라도 소중한 인생 경험을 한 것이고 한 단계 도약한 셈이다. 목표를 세우고 최선을 다해 준비했다면 고등학교에서 학업을 계획하고 집중할 수 있는 좋은 보약이 될 수 있다. 커다란 목표에 매진해본 경험은 다른 어떤 것으로도 살 수 없는 귀한 것이다.

특목고는 수시에서 유리하다

특목고는 정시보다 수시를 선호한다

"수시는 일반고가 유리하고 정시는 특목고가 유리하다."라는 생각은 오산이다. 이는 단면만 보는 데서 오는 오류이다. 다음 도표는 상위권 특목고의 서울대 수시와 정시의 합격자 수를 비교한 것이다. 서울대 입시에서 여전히 과학고, 외고, 자사고 등 특목고의 강세가 두드러진다. 2015년 서울대 합격자 배출 상위 24개 고교를 보면 정시보다는 수시를 통해 특목고 출신 학생들이 훨씬 더 많이 합격했음을 알 수 있다. 과학고와 영재학교를 보더라도 거의 95% 이상이 수시를 통해 합격했으며, 외고의 경우도 65%, 자사고의 경우도 54%로 상당수가 정시가 아닌 수시로 합격했다.

학교명	계	수시	정시	학교 유형	학교명	계	수시	정시	학교 유형
서울예고	93	92	1	예고	휘문고	28	6	22	자사(광역)
대원외고	79	48	31	외고	포항제철고	27	19	8	자사(전국)
외대부고	61	30	31	자사(전국)	선화예고	26	26	0	예고
서울과고	57	53	4	영재	한국영재	25	25	0	영재
경기과고	56	54	2	영재	세종과고	25	22	3	과고
하나고	54	46	8	자사(전국)	한일고	24	11	13	일반(자율)
상산고	53	15	38	자사(전국)	경기외고	23	15	8	외고
민사고	37	34	3	자사(전국)	현대고	23	12	11	자사(광역)
대일외고	32	28	4	외고	고양외고	23	8	15	외고
명덕외고	32	22	10	외고	세화고	23	4	19	자사(광역)
한영외고	31	22	9	외고	대구과고	22	22	0	영재
안산동산고	28	16	12	자사(광역)	국악고	21	21	0	예고

출처: 서울대, 베리타스 알파, 국정감사 자료(2015년 기준)

더욱이 상위권 대학의 수시모집 인원은 일반고가 상대적으로 유리한 내신 중심의 학생부교과전형보다는 학생부종합전형, 논술전형이 압도적으로 많다. 서울소재 상위권 13개 대학(2016학년도 기준)의 수시모집 비율은 학생부교과전형 6.5%, 학생부 종합전형 32.0%, 논술 19.3%이다. 물론 정시모집에서도 특목고가 유리하다는 사실은 모두 알 것이다.

학생부종합전형, 논술전형은 특목고를 위한 맞춤 전형이다

수시전형은 크게 학생부교과전형, 학생부종합전형, 논술전형으로 나눌 수 있다. 그중 학생부교과전형은 내신을 바탕으로 한 일반고 학생이 상대적으로 유리하다. 하지만 학생부종합전형, 논술전형은 특목고 학생들이 유리할 수밖에 없다. 그 이유는 다음과 같다.

첫째, 특목고/자사고는 학생부종합전형의 중심인 비교과 활동을 적극 지원한다. 대부분의 특목고/자사고는 학교 소개에 학생들의 비교과 활동을 적극 홍보하며 내실 있고 깊이 있게 운영하기 위한 종합지원 시스템을 가동하고 있다.

둘째, 대학은 응시자의 출신학교에 주목한다. 학생부종합전형에 제출하는 핵심자료 중 하나가 바로 '학교 소개 자료'이다. 동아리 활동 등 독서, 진도, 창의적 체험활동, 특화 프로그램은 응시자의 경쟁력 여부를 판단하는 중요한 자료가 된다.

셋째, 특목고/자사고 학생은 기숙사 생활을 하기 때문에 등하교 시간이 절약되므로 비교과 활동에도 매진할 수 있다. 또한 일반고 학생들이 가장 많은 시간을 쏟아붓는 내신에서도 어느 정도 자유롭게 동아리 활동, 탐구활동, 소그룹 활동을 통해 스펙을 쌓을 수 있다. 일반고 학생들의 단조로운 학교생활에 비해 특목고 학생들의 비교과 활동의 질이 다를 수밖에 없다.

특목고는 대학 입시 준비 맞춤 학교이다

원래 특목고는 과학이나 외국어 같은 특수 분야의 전문가를 양성하기 위한 학교이다. 하지만 지금의 특목고는 우수한 학생들을 뽑아 명문 대학에 입학시키는 것이 최대 목표인 학교로 변질되었다. 그런데 아이러니하게도 이 점이 대입에서 특목고가 강세를 보이는 가장 큰 이유이기도 하다.

특목고 커리큘럼 자체가 수능 준비에 적합한 형태로 되어 있고, 수능형으로 학교 시험문제를 출제하기 때문에 일찍부터 수능 대비가 가능하다. 심지어 어떤 외국어 고등학교는 '수학에 강한 외고'라는 캐치프레이즈까지 내걸고 수학 선행학습과 심화학습을 한 학생들을 바탕으로 그에 맞는 커리큘럼이나 시스템을 운영하기도 한다. 이러한 왜곡된 모습을 학교의 최대 장점인 양 홍보하는 학교도 있다. 이미 외고인지, 국제고인지, 자사고인지, 대입종합반 학원인지 자기 정체성을 상실한 지 오래다.

특히 자사고는 교육과정 편성의 자율권을 최대한 이용하여 교육과정 자체부터 대학 입시에 맞추어 수시와 정시 지원체계를 운영하고 있다. 이처럼 특목고/자사고는 그 설립목적과 상관없이 확실히 대학 입시 맞춤 학교가 되있다.

외고/자사고는
4년제 고등학교이다?

특목고가 대입에 유리한 건 사실이다. 특목고 열풍에 거품이 많이 낀 것도 사실이다. 현명한 학부모라면 특목고가 제시하는 통계수치들을 정확하게 이해하고 판단할 수 있어야 한다.

준비 없이 외고/자사고 보내려거든
재수를 각오하라

안타까운 현실이지만 전국 최고의 외고/자사고 졸업생의 2/3 정도가 고등학교 4학년으로 진학한다. 재수를 하는 것이다. 재수는 기본이고 어쩌면 삼수까지 각오해야 하는 게 현실이다. 의·치·한에 진학하려는 최고의 인재들이 이러한 수치를 더욱 높이고 있다.

일반적으로 외고/자사고와 소위 강남의 명문고라 불리는 학교들은 재학생보다 더 많은 졸업생이 수능시험을 다시 치르고, 졸업생들의 명문대 입시 성과가 재학생의 입시 성과보다 훨씬 더 높다는 것은 이미 잘 알려진 사실이다.

영재학교와 과학고를 제외하고 소위 SKY와 의대의 높은 진학률을 자랑하는 외고/자사고와 강남의 명문고들은 상대적으로 재학생의 4년제 대학 합격률이 높지 않다. 명문대를 많이 보낸 고교들을 보면 재수생 비율이 70%에 육박하는 경우도 있다. 특목고나 명문고일수록 재수생 비율이 높은 이유는 무엇일까?

특목고나 전국단위 자사고에 진학하는 학생들은 주위의 기대와 부러움을 한몸에 받고 고등학교 생활을 시작한다. 이들은 크게 두 부류로 나뉜다. 중학교 때 선행·심화 학습을 바탕으로 체계적으로 준비해온 학생은 상위권으로 안착한다. 반면에 그렇지 못한 학생의 경우에는 정신없이 1학년을 보낸다. 그러고 나면 자신의 준비가 얼마나 부족했는지 알게 된다.

특목고나 명문고생들에게는 한 가지 공통점이 있다. '높은 기대 수준'이다. 이러한 기대 수준을 충족하기 위해 재수를 당연시한다. 과거에는 공부를 못하는 경우에 재수를 했지만 지금은 오히려 능력 있는 학생이 재수를 선택한다는 우스갯소리가 있다. 중학교 때 우수한 학생을 일반고에 보내면 '인 서울'을 목표로 하고, 우수한 학생일지라도 제대로 준비 없이 특목고를 보내면 재수를 거쳐 'SKY'를 목표로 한단다. 입시의 한 단면을 보여주는 씁쓸한 말이다.

특목고의 'SKY대학' 합격률을 믿지 마라

고등학교에서 발표하는 대입 실적은 실제 학부모가 생각하는 것보다 심하게 부풀려진 상태다. 대표적인 합격자 부풀리기 사례는 다음과 같다.

첫째는 반수생, 재수생, 삼수생 등 졸업한 합격자의 실적을 포함시키는 것이다. 특히 특목고와 자사고는 재수생 비율이 높기 때문에 이들 졸업생들이 실제 합격자의 대부분을 차지한다.

둘째, 중복 합격자를 포함시키는 것이다. 수시로 6개 대학을 지원할 수 있고 정시로 3개 대학까지 지원할 수 있는 현 입시 체제에서는 우수한 학생이 중복으로 합격하는 현상이 생긴다. 이를 1명이 아니라 각각 합격한 것으로 계산하는 방법이다.

셋째, 지방 캠퍼스 합격자를 포함시키는 방법이다. 명문대 진학자 중 지방 캠퍼스 입학자가 있지만 본교와 지방 캠퍼스의 구분을 하지 않고 ○○대 합격자로 발표한다. 실제로 본교와 지방 캠퍼스 합격의 점수 차이는 크다.

특목고나 자사고 중에서도 명문고를 자처하며 명문대 입학 실적을 홍보하는 대학일수록 이러한 실적 부풀리기 현상은 더욱 심하다. 합격률을 계산할 때도 황당하기는 마찬가지이다. 보통 고등학교에서 발표하는 SKY대학 합격률을 계산할 때도 불편한 진실이 숨어 있다. 학부모 입장에서 SKY대학 합격률이라고 하면 보통 해당년도 재학생 중에서 곧바로 대학에 진학한 학생의 비율을 생각한다. 하지만 합격자에는 재학생뿐 아니라 반수, 재수, 삼수 등의 졸업생, 중복 합격자, 지방캠퍼스 합격자를 모두 포함해 합격률을 계산해 발표한다. 대외적으로는 대부분이 재학생이고 약간의 재수생만 포함된 수치라고 해버리니 혼동될 수밖에 없다.

특목고, 자사고 혹은 명문고라 일컫는 고등학교에서 발표하는 명문대 진학률은 매우 놀랍다. 고등학교 입학이 대학을 보장해주는 것 같은 착각이 들게 한다. 하지만 고등학교에서 발표하는 합격 실적이나 합격률은 학부모가 생각하는 것과 완전히 다를 수 있다. 실제 합격 실적이나 합격률을 정확하게 분석할 수 있는 안목을 키워 냉철하게 판단할 수 있어야 한다.

특목고는 합격보다 적응이 더 힘들다

매년 특목고 재학생 중 상당수가 학교생활에 적응하지 못하고 전학이나 자퇴를 한다. 극소수의 이야기가 아니다. 무려 10%에 육박하는 이야기이다. 명문고일수록 이런 현상이 니더난다.

특목고 중 입학이 비교적 쉬운 외고의 경우도 입학 전에 체계적으로 준비하지 않았다면 적응이 쉽지 않다. 입학 후 중위권 이하이거나 적성과 맞지 않으면 자칫 독이 될 수도 있다. 영어·수학의 선행학습과 심화 학습이 되어 있지 않으면 학교 수업을 따라가기 힘들다.

과학고의 경우도 준비가 부족하면 고급수학, 물리 실험 등 과학계열 전문 과목 수업을 따라가기 힘들다. 과학고, 영재학교 진학을 위한 영재성을 단순히 수학·과학 내신으로 판단하면 안 되는 이유는 이 때문이다.

특목고 진학을 재고해야 하는 경우가 있다

특목고 진학이 명문대를 보장해준다는 건 착각이다. 체계적으로 준비하지 않으면 일반고에 진학한 학생보다도 참담한 결과를 초래할 수 있다. 특목고는 종착지가 아니다. 특목고 진학을 결심한 이유를 냉철하게 점검해보아야 한다.

첫째, 엄마의 과시욕, 자존심, 욕심 때문에 아이의 의지와는 상관없이 특목고 진학을 결심하진 않았는가? 물론 아이를 위한 결정이라고 주장할 수 있다. 하지만 객관적인 기준과 아이의 의견을 충분히 고려했는지 다시 한 번 따져봐야 한다.

둘째, 체계적이고 충분한 준비 없이 특목고 진학을 결심하진 않았는가? 목적의식 없이 단지 수학·과학이나 영어 등 특정 과목의 내신이 우수하여 특목고에 지원한 경우이다. 특목고 합격만을 목표로 하면 오히려 대학 진학에 낭패를 볼 수 있다. 당장의 합격보다는 진학 후를 고려해야 한다.

셋째, 고등학교 선행과 심화가 되어 있지 않은 채 특목고 진학을 결심하진 않았는가? 특목고 진학 후 적응하지 못하는 가장 큰 원인은 영어·수학의 선행학습과 심화학습이 되어 있지 않아서이다. 심할 경우 전학과 자퇴로 이어져 엄청난 갈등과 혼란을 겪을 수 있다.

넷째, 치열한 경쟁에서 오는 과도한 스트레스를 아이가 각오했는가? 중학교 내신은 관리능력으로 우수한 성적을 받을 수 있다. 그런데 특목고에서는 내신으로 대학을 진학하는 경우가 전무하다. 그 정도로 내신 확보가 어렵다. 더군다나 아이가 치열한 경쟁에서 과도한 스트레스를 받을 수 있는 타입이면 특목고 진학을 재고해야 한다. 기숙사 생활이나 진학할 학교의 규정에 아이가 적응할 수 있는지도 고려해야 한다.

04 특목고/자사고 지원 전략

준비는 빠르면 빠를수록 좋다

특목고 진학 후 명문대까지 골인한 경우, 대개 초등학생 때부터 입시 전략을 세운다. 특목고 입시를 위해 초등학생 때 준비해야 할 대표적인 것은 독서 그리고 영어·수학 기초 학력이다. 초등학교 고학년이 되면 자녀와 함께 장래희망에 대해 충분한 대화를 나누어야 한다. 아이와 꿈에 대해 이야기를 나누며 특목고 준비의 필요성을 공유한다.

초등학교 때부터 해온 폭 넓은 독서는 중학교나 고등학교 때의 학습과 사고력의 토대가 될 뿐 아니라 목표의식을 높이며 논술 등에도 커다란 영향을 미친다. 영어는 영어 동화책이나 어린이용 영자 신문으로 영어 독서를 습관화해야 하며 필요한 경우 전문 학원의 도움을 받는 것도 좋다. 수학은 지나친 선행보다는 개념의 확실한 이해를 바탕으로 심화학습을 하는 게 좋다. 이를 통해 사고력, 창의력, 응용력을 높일 수 있다. 동시에 수학경시대회와 과학경시대회를 준비하도록 한다. 비록 입상을 못하더라도 준비과정을 거치며 소중한 경험을 얻을 수 있다.

중학생이 되면 자신의 꿈과 적성을 고려해 구체적으로 자신이 목표로 하는 특목고를 정하여 전략을 세워야 한다. 이공계열을 공부할 것인지, 어문계열을 공부할 것인지, 해외에 있는 대학에 진학하고 싶은지 등을 고려하여 방향을 정한다. 특목고에 따라 특성이 매우 다르기 때문에 준비 방법도 달라야 한다. 전문가의 조언이나 수기집, 다양한 캠프 참여 등을 통해 구체적인 목표 설정에 들어가도록 한다.

특목고 준비의 가장 기본은 내신이다

특목고나 자사고 입시는 자기주도 학습전형이지만 가장 기본이 되는 것은 내신이다. 특히 1단계에서는 내신과 출결로 면접 대상을 선발하므로 내신을 관리하지 못한 경우에는 1단계 전형에서 통과할 수 없다. 그렇게 되면 자신의 우수성을 알릴 자소서를 쓸 기회나 면접을 볼 기회조차 없다. 내신은 각 고등학교의 유형에 따라 특정 교과의 성적을 활용한다.

과학고는 수학·과학의 최상위 내신이 필수이다
과학고의 경우에는 주로 수학과 과학의 내신을 요구하기 때문에 특히 두

과목의 내신이 최상위권에 들어야 한다. 과학고의 경우 1단계에서 수학·과학 내신(각각 50%씩)만 반영하며 영재학교처럼 별도의 수학·과학 시험이 없기 때문에 내신 비중이 절대적이다.

따라서 수학·과학 성적만큼은 원점수 100점에 가깝도록 관리해야 한다. 또한 1단계 서류평가 시 학생부의 교과학습 발달 상황을 참고할 수 있기 때문에 주요 과목을 포함한 전과목 성적이 성취도 A를 유지하도록 노력해야 한다.

외고/국제고는 중2, 중3 영어 성적만으로 1단계 합격자를 선발한다

외고/국제고는 중2 내신은 절대평가로 반영하고, 중3 성적은 상대평가 방식인 석차에 따른 9등급제로 반영한다. 따라서 중2 성적은 성취도 A(90점 이상)는 필수이고 중3 성적은 1등급에 속하는 상위 4% 안에 들도록 노력해야 한다.

자사고 내신 반영은 국영수사과가 기본이지만 학교마다 다르다

전국단위 자사고에서도 내신은 가장 기본이다. 특히 자사고는 특목고와 달리 학교별로 반영 과목이 다르고 각각의 반영 비율도 다르기 때문에 자신이 목표로 하는 학교의 모집요강을 꼼꼼하게 읽어보고 그 반영 방법에 따라 관리하도록 한다.

특목고 합격, 학생부 관리가 결정한다

특목고/자사고 진학을 위해서 우수한 내신이 기본조건이라면 학생부는 실질적인 판단기준이 될 수 있다. 특목고 자기주도 학습전형에서 학생부는 몇 가지 중요한 의미를 지닌다.

첫째, 내신을 통해 1단계로 뽑는 학생들의 학업능력에 대한 변별력 부족을 보완할 수 있다. 특목고/자사고는 대입 실적을 높이기 위해 내신보다는 수능이나 논술에 강한 학생을 뽑으려 하기 때문이다.

둘째, 중학교 내신이 성취평가제로 바뀌면 동점자 비율이 증가한다. 이 때 학생부가 결정적 역할을 한다. 학생부는 객관적인 학교생활을 기록해 놓아 학생의 실력뿐아니라 열정, 성실함 등 인성적 요소까지 파악할 수 있다.

셋째, 학생부는 자기소개서 작성의 토대이자 중요한 면접 자료로 활용된다. 자소서나 면접의 비중이 커진 만큼 학생부는 합격에 결정적인 영향을 끼칠 수 있다. 이처럼 학생부 관리가 특목고 입시의 핵심요소임에도 많은 학부모가 학생부 비교과 영역에 대한 중요성을 모른다. 입시가 코앞에 다가와서야 제대로 관리를 하지 않았다며 후회한다. 학생부는 한 번 기록이 끝난 상황에서는 추가나 삭제 등 수정이 불가능하기 때문에 특목고/자사고 진학을 위해서는 미리미리 관리해야 한다.

학생부 관리는 엄마가 관리를 직접 도와주면 수월하다. 학생부 기록과 수정 시기에 맞춰 독서 이력이나 봉사활동 내역, 장래희망과 계획을 엄마가 아이와 함께 관리하는 것이다. 이렇게 중학교 학생부를 관리해본 경험은 대학 입시에서도 빛을 발한다. 고등학교 학생부 관리능력을 쌓을 수 있다.

특목고는 명문 대학 진학 가능성이 있는
학생을 원한다

특목고 관계자 입장에서 학생 선발의 최우선 조건은 좋은 대학에 입학할 수 있는 자질을 갖추고 있느냐이다. 특목고가 원하는 인재상 역시 설립목적에 맞는 학생보다는 명문 대학에 진학 가능한 학생이다. 특목고 관계자들이 입학사정에서 가장 중요하게 여기는 부분이 영어·수학의 선행학습과 심화학습이 얼마나 되어 있는가이다. 그들은 특목고에 와서는 안 되는 유형이나 실패할 유형을 중학교 때 내신 위주의 학습을 한 학생으로 보고 있다.

영어시험으로 변별력을 확보할 수 있었던 과거와 달리 지금은 변별력이 거의 없는 영어 내신을 가지고 판단해야 하기 때문에 더욱 어렵다고 외고 관계자들은 입을 모은다. 학생부, 자기소개서, 면접을 비중 있게 다루는 이 유가 바로 여기에 있다.

특목고 전체 지원 일정을 고려하라

특목고/자사고는 각각 전형 방법이 다르므로 미리 전형 방법과 일정을 파악하여 아이에게 유리한 학교를 선택해야 한다. 특성이 같은 외고, 과학고, 자사고라 할지라도 학교마다 수준 차이와 특징이 있으므로 아이에게 맞는 학교를 선택해야 한다. 전체적인 지원 일정을 고려하여 전략을 세우는 것이 필요하다.

4월~6월		9월~11월 (전기)		12월 (후기)
과학영재학교		특목고		자율학교(우선선발)
서울과학고 한국과학영재학교 경기과학고 등	➡	과학고, 외고, 국제고 전국단위 자사고 지역 자사고	➡	한일고 양서고 공주사대부고 등

우선 과학영재학교는 특목고/자사고 전형에 앞서 4월~6월까지 진행된다. 지원 학교수에도 제한이 없다. 반면에 특목/자사고는 1개 학교만 지원이 가능하다. 한 번 특목고에 합격하면 다른 곳은 갈 수 없다. 즉 외고, 과학고 등의 지원자는 전국 소재 다른 과학고, 외고, 국제고, 특성화고, 자율형 사립고 등 전기 고등학교에 이중으로 지원할 수 없다(단, 과학영재학교인 한국과학영재학교, 서울과학고, 경기과학고, 대구과학고, 대전과학고, 광주과학고, 세종과학예술영재학교는 이중지원이 가능함). 2개의 다른 득수목석 고등학교의 중복 지원은 불가능하고 한 번 합격하면 다른 특목고 및 후기학교 신입생 전형에 응시할 수 없다는 점도 숙지해야 한다.

이밖에 지역제한제 역시 고려해야 할 중요한 요소이다. 전국단위 자사고를 제외하고 외고, 과학고, 국제고는 거주 지역에 소재하는 학교에만 지원할 수 있다. 그러나 해당 시도에 외고나 국제고가 없는 경우는 어느 지역이라도 지원 가능하다.

이밖에 전국단위 자사고는 지역 쿼터제(해당 지역이나 특정 지역의 입학 인원을 미리 정해놓은 제도)를 시행하고 있다. 외대부고는 용인지역(30%), 하나고는 서울지역(70%), 인천하늘고는 인천지역(90%), 북일고는 충남(50%)

등이다. 특히 서울소재 전국단위 자사고인 하나고는 전국단위모집이라기보다 실질적으로는 서울지역 자사고라 할 수 있다. 더욱이 서울특별시와의 협약으로 의해 강남3구(강남, 서초, 송파)의 쿼터가 20%로 제한되어 있다.

특목고/자사고 자기소개서 작성 요령

고등학교가 어떤 사람을 뽑으려고 하는지 생각해보라

자소서를 작성할 때 진학하고자 하는 고등학교가 어떤 학생을 뽑고 싶어 하는지 알아야 한다. 외고/국제고, 자사고, 과학고 등은 학교 특성에 관계없이 좋은 대학에 진학할 수 있는 학생을 뽑으려 한다. 학생의 잠재력을 보는 포인트도 여기에 있다. 결국 중학교 과정에서의 학습 습관과 태도, 목표의식, 선행·심화 학습의 유무 등이 핵심 포인트이다. 자신이 쓴 자기소개서를 선발하는 사람의 입장에서 읽어보며 득점 포인트인지 실점 포인트인지를 분석해보자.

다음 〈표〉는 교육부가 제시한 자기소개서 작성 안내이다. 작성 내용을 미리 숙지하고 항목별 요소에 대한 준비 계획을 세워보자. 또한 작성 요령을 참고하여 실제 초안을 작성해보고 수정과 자문을 거쳐 자기소개서를 완성해보자.

<table>
<tr><td colspan="2" align="center">□ 나의 꿈과 끼, 인성(1,500자 이내)</td></tr>
<tr><td>작성
내용</td><td>• 본인이 스스로 학습 계획을 세우고 학습해온 과정과 그 과정에서 느꼈던 점, 학교 특성(외고·국제고), 건학이념(자사고)과 연계해 지원학교에 관심을 갖게 된 동기, 고등학교 입학 후 자기주도적으로 본인의 꿈과 끼를 살리기 위한 활동 계획 및 고등학교 졸업 후 진로 계획에 관하여 구체적으로 기술하십시오.
• 본인의 인성(배려, 나눔, 협력, 타인 존중, 규칙 준수 등)을 나타낼 수 있는 개인적 경험 및 이를 통해 배우고 느낀 점을 구체적으로 기술하십시오</td></tr>
</table>

〈지원 동기, 진로 계획 관련〉

1. **지원하는 학교에 대해 정확히 알자!** 지원 동기를 쓰기 위해서는, 가장 먼저 지원하는 학교에 대한 정보를 정확하게 파악하고 있어야 합니다. 지원하고자 하는 학교의 특성, 학교에서 원하는 인재상과 같은 내용을 아는 것이 중요합니다.

2. **지원하는 이유를 생각하자!** 지원 동기를 쓸 때, 가장 중요한 것은 왜 그 학교에 지원하고자 하는지에 대한 명확한 이유를 밝히는 것입니다. 일반적이고 전형적인 내용보다는 자신만의 특별한 지원 동기를 가지고 작성해야 합니다.

3. **노력한 과정을 쓰자!** 지원 동기를 쓸 때에는 그 학교에 지원하기까지의 자신의 노력을 보여주는 것 또한 놓쳐서는 안 될 부분입니다. 자신이 그 학교에 지원하기 위해 했던 노력 정도에 대한 전체적인 과정을 구체적으로 쓰는 것이 중요합니다.

4. **앞으로의 비전을 쓰자!** 지원 동기를 쓸 때, 그 학교에 지원하게 된 이유를 밝히는 것만큼, 그 학교에 입학한 후 어떠한 비전을 가지고 자신의 꿈과 끼를 키워 나갈 것인지를 쓰는 것도 중요합니다. 지원하는 학교에서 제시하는 비전과 자신의 비전이 일치한다면 더 좋을 것입니다.

5. **체계적으로 쓰자!** 지원 동기를 쓸 때, 그 학교에 지원하는 이유와 노력의 과정은 중학교 때의 모습을 보여주어야 하고, 비전과 진로 계획 등은 고등학교 입학부터 졸업 후 모습을 보여주어야 합니다. 2개의 큰 틀로 나누어서 체계적으로 자신의 지원 동기를 보여준다면 플러스 점수가 될 것입니다.

〈인성과 관련된 경험〉

1. **기본적인 것들만 쓰지 말자!** 인성 영역을 쓸 때, 많은 친구들이 오해하고 실수하는 부분이 바로 본인의 인성을 설명하는 형식으로 쓴다는 것입니다. 학교에서 원하는 것은 본인이 직접 경험했던 몇 가지 일화에 관한 것입니다. 기본적인 정보만 나열해서 쓰는 것은 독이 될 수 있습니다.

2. **사례나 에피소드를 쓰자!** 인성 영역을 쓸 때, 앞서 말한 것처럼 기본적인 정보들이나 사실들을 쓰는 것은 위험할 수 있습니다. 성장하는 과정 속에서 자신의 인성이 형성되는 데 영향을 주었던 사례나 에피소드를 구체적으로 기술해야 합니다.

3. **그 학교에 필요한 사람임을 어필하자!** 지원하는 학교마다 학생들에게 원하는 인재상이 있습니다. 인성 영역을 쓸 때에는 성장과정 속에서 형성된 본인의 모습이 지원하고자 하는 학교의 인재상과 맞는 사람임을 어필하는 것이 중요합니다.
4. **진부한 표현은 쓰지 말자!** 인성 영역을 쓸 때, 많은 친구들이 누구나 다 쓸 수 있는 말을 쓰는 경우가 많습니다. 그렇기 때문에 성장과정을 작성할 때에는 자신만이 겪은 특별한 경험을 참신하게 표현하는 것이 가장 중요합니다.
5. **간결하게 쓰자!** 인성영역에서는 짧은 인생이지만 다른 사람들과는 차별화될 수 있는, 자신만의 성장과정을 보여주어야 합니다. 그렇기 때문에 자신만의 특징을 보여줄 수 있는 사례나 에피소드를 간결하게 작성하는 것이 중요합니다.

진학한 후에도 경쟁력이 있음을 보여줘라

고등학교를 대비하여 준비한 선행·심화 과정을 설명하고 진학한 후에도 경쟁력이 있다는 것을 보여주는 것이 좋다. 특목고 관계자들이 선호하는 학생은 영어와 수학의 선행과 심화학습이 잘되어 있는 학생이다. 선행과 심화의 학습과정을 구체적으로 설명함으로써 경쟁력이 있음을 밝힌다. 특히 외고의 경우에도 탄탄한 외국어 실력은 기본이고 수학까지 깊이 있게 준비했음을 강조할 필요가 있다.

큰 꿈을 제시하라

학생들이 쓴 자기소개서를 보면 대부분 소박하고 겸손한 태도를 보인다. 자신의 잠재력이나 실력을 깎아버리는 듯한 표현도 있다. 큰 꿈을 제시하며 자신의 진로에 대한 비전과 구체적 계획을 밝히고 재능이나 적성에 대한 깊이 있는 고민이 제시되어야 한다. 예를 들어 회사원보다는 기업가로, 통역사나 관광가이드보다는 외교관으로 사명감과 열정을 갖춘 비전을 보여주는 것이 좋다.

자기소개서 작성 시 배제 사항에 주의하라

다음 〈표〉는 자기소개서 작성 시 배제 사항을 나타낸 것이다. 중요한 것은 각종 경시대회 입상 성적이나 어학 인증점수를 쓸 수 없다는 것이지 이런 것들을 준비하며 얻은 교훈이나 느낀 점 등은 좋은 평가를 받을 수 있다.

■ **자기소개서 작성 시 배제 사항**

- TOEFL·TOEIC·TEPS·TESL·TOSEL·PELT, HSK, JLPT 등 각종 어학 인증시험 점수, 한국어(국어)·한자 등 능력시험 점수
- 교내·외 각종 경시대회 입상 실적, 영재교육원 교육 및 수료 여부 등
- 부모(친·인척 포함)의 사회·경제적 지위를 암시하는 내용(신설)
  예) 부모(친·인척 포함)의 구체적인 직장명이나 직위, 소득수준, 고비용 취미 활동(골프, 승마 등), 학교에서 주관하지 않은 모둠 및 프로젝트 활동(사설 학원 및 기관에서 추진하는 교과 관련 활동) 등

CHAPTER 04

대학 입시
성공률을 높이는
고등학교 선택

01
무엇을 기준으로 고등학교를 선택해야 하나?

특목고, 자사고, 일반고는 각기 나름대로의 특징과 장단점이 있다. 고등학교 선택이 대학 진학에 가장 큰 영향력을 끼친다는 점에는 이견이 없다. 고등학교 선택 문제는 뚜렷한 목표의식을 가지고 중학교 저학년, 더 이르게는 초등학교 때부터 준비를 해야 한다.

특목고냐? 일반고냐?

특목고와 일반고는 교육환경과 교육과정이 다르다. 이들 중 어느 학교가 낫다고 단정하기는 어렵다. 다만 특목고의 장단점은 명확하다. 대표적인 특목고 중에서 외고는 외국어를, 과학고는 과학과 수학을 집중해서 공부한다. 따라서 일반고에 비해 특정 과목을 더 깊이 있게 공부할 수 있다.

특목고는 성적이 우수한 학생들이 모여 있기 때문에 대부분 학습 분위기가 좋다. 기숙사 생활로 등하교 시 소요되는 시간이 단축되어 남은 시간을 의미 있게 사용할 수 있다. 가장 큰 단점은 내신 획득의 불리함이다.

일반고는 내신 획득에는 상대적으로 유리하다. 하지만 공부에 흥미를 잃은 학생들로 인해 전반적인 학습 분위기가 좋지 않다는 단점이 있다. 또한 특목고에 비해 시설, 지원 등이 상대적으로 부족하여 비교과 활동 영역이 제한적이다.

특목고와 일반고 선택 시 고려할 점

특목고나 일반고냐를 선택할 때 가장 중요한 것은 아이이다. 아이가 어디에 맞는가를 생각해보는 것이다. 대학 진학 전략을 고려해야 한다. 다음을 참고하여 신중히 판단해보자.

첫째, 아이가 목표하는 대학을 중심에 놓고 특목고나 자사고가 유리한지, 일반고가 유리한지 파악해야 한다. 즉 목표와 함께 아이의 성향과 특성에 따라 가장 유리한 전략을 파악한 다음 일반고에 유리한 내신에 집중할 것인지 특목고나 자사고에 유리한 수능, 비교과, 논술 등에 집중할 것인지를 결정해야 한다.

둘째, 아이에게 맞는 학교를 선택하는 것이 중요하다. 학교와 학생의 궁합이 맞을 때 최대의 능력을 발휘할 수 있기 때문이다. 아무리 좋은 학교라 할지라도 아이와 궁합이 맞지 않다면 선택하지 않는 것이 낫다. 고등학교 진학 후 어느 곳에서 자신의 강점을 최대화할 수 있을지 진단해본다.

셋째, 고등학교 준비가 얼마만큼 되어 있느냐의 문제이다. 특히 중학교 때 영어와 수학은 어느 수준까지 했는지가 중요하다. 특목고나 자사고는 대개 선행과 심화학습을 기본적으로 준비하고 진학한다. 이를 전제로 하기 때문에 학교 진도가 빠르고 깊이 있게 진행된다. 따라서 준비가 부족한 경우에 크게 고전할 수 있다.

고등학교 선택에서 가장 중요한 열쇠는 특목고 합격 가능성이 아니다. 뚜렷한 목표의식, 확실한 자기주도 학습능력, 학습 습관과 의지, 전공에 대한 확신 등이 있다면 특목고냐 일반고냐는 크게 문제되지 않는다. 원하는 목표가 확실하고 공부하려는 의지가 있다면 주위 환경에 흔들리지 않는다. 꾸준한 노력은 어디에서나 통하기 마련이다.

서울대 합격자 현황을 보면 고교 선택이 보인다

서울대 합격자가 의미 있는 것은 중복 합격자가 없기 때문이다. 보통 고교에서 학교별 명문대 진학 실적을 발표할 때는 여러 대학에 중복 합격한 숫자로 부풀려 발표하기 때문에 정확한 합격 인원과 입학실적을 파악하기가 쉽지 않다. 서울대 합격생의 대부분은 연고대나 서강대·성균관대·한양대에 중복 합격하기 때문에 서울대 합격자 현황을 고등학교 선택 기준으로 삼을 수 있다.

서울대 합격자 현황으로 고교별 경쟁력을 대강 파악할 수 있다. 이는 고등학교 선택에 참고가 될 수 있다. 특목고/자사고 비중의 상승을 주목할 필요가 있다. 더 나아가 특목고/자사고에도 명문이 따로 있다는 것을 알 수 있다. 또한 합격자 현황 중에서 수시와 정시의 비율 분석도 고등학교 선택 전에 해야 한다.

고등학교 선택 시 가장 중요한 고려사항은 어느 고등학교가 얼마만큼의 대입 진학 실적을 가지고 있는지일 것이다. 일반고는 물론이거니와 같은 외고나 자사고까지도 대학 입학 실적은 차이가 있다. 진학하고자 하는 고등학교의 드러난 실적뿐 아니라 숨어 있는 요소까지 파악하여 고교 선택이 이루어져야 한다. 이때 SKY 진학실적, 의·치·한 실적, 해외 대학 진학 실적, 교대, 카이스트, 포항공대 등 명문대 진학 실적까지 참고할 필요가 있다.

아이에게 맞는 고등학교 선택

대학 입시와 고등학교 선택은 깊은 관련이 있다. 모든 아이가 똑같지 않기 때문에 고등학교 진학과 대학 준비는 각자의 특성에 맞게 준비해야 한다. 이는 중학교 저학년 때 이미 밑그림이 그려져야 한다. 그렇다면 아이에게 맞는 학교를 어떻게 선택해야 할까?

첫째, 내 아이에게 유리한 고등학교를 선택한다. 각각의 고등학교가 입시에서 어떻게 유리하게 작용하는지 살펴본다. 일반고, 외고/국제고, 영재학교/과학고, 자사고 등 각 학교들의 장단점을 정확히 파악하는 것이 입시 전략의 출발점이다.

둘째, 내 아이의 적성과 진로를 먼저 고려한다. 특목고를 준비하는 학생

순위	고교명	2015			2014	입학정원	고교유형	지역
		계	수시	정시				
1	서울예고	93	92	1	70	368	예고	종로
2	대원외고	79	48	31	96	281	외고	광진
3	외대부고	61	30	31	96	347	자사(전국)	용인
4	서울과고	57	53	4	92	120	영재	종로
5	경기과고	56	54	2	74	120	영재	수원
6	하나고	54	46	8	66	210	자사(전국)	은평
7	상산고	53	15	38	58	384	자사(전국)	전주
8	민사고	37	34	3	56	157	자사(전국)	횡성
9	대일외고	32	28	4	35	348	외고	성북
9	명덕외고	32	22	10	38	284	외고	강서
11	한영외고	31	22	9	36	262	외고	강동
12	안산동산고	28	16	12	25	638	자사(광역)	안산
13	휘문고	28	6	22	25	416	자사(광역)	강남
14	포항제철고	27	19	8	27	455	자사(전국)	포항
15	선화예고	26	26	0	33	365	예고	광진
16	한국영재	25	25	0	40	128	영재	부산진
16	세종과고	25	22	3	57	155	과고	구로
18	한일고	24	11	13	27	160	일반(자율)	공주
19	경기외고	23	15	8	21	212	외고	의왕
19	현대고	23	12	11	15	388	자사(광역)	강남
19	고양외고	23	8	15	25	270	외고	고양
19	세화고	23	4	19	27	354	자사(광역)	서초
23	대구과고	22	22	0	35	90	영재	수성
24	국악고	21	21	0	22	150	예고	강남
24	숙명여고	21	6	15	16	563	일반(평준)	강남
24	중동고	21	5	16	21	362	자사(광역)	강남
27	수지고	20	6	14	15	567	일반(비평준)	용인
28	현대청운고	19	11	8	32	180	자사(전국)	울산 동
28	진성고	19	7	12	12	300	일반(비평준)	광명
28	단대부고	19	5	14	20	557	일반(평준)	강남
31	한성과고	18	18	0	38	140	과고	서대문
32	서울고	17	11	6	14	582	일반(평준)	강남
33	영동고	16	8	8	10	530	일반(평준)	강남
33	경신고	16	6	10	10	396	자사(광역)	수성
33	경기고	16	5	11	23	598	일반(평준)	강남
36	경기북과고	15	15	0	13	99	과고	의정부
36	대전과고	15	15	0	21	90	과고	유성

36	서울국제고	15	12	3	14	150	국제고	종로
36	대전외고	15	10	5	16	250	외고	대전 서
36	서문여고	15	6	9	11	549	일반(평준)	서초
36	세화여고	15	4	11	27	353	자사(광역)	서초
36	안양외고	15	4	11	10	259	외고	안양
43	반포고	14	6	8	22	405	일반(평준)	서초
44	계원예고	13	13	0	8	320	예고	성남
44	광양제철고	13	10	3	11	385	자사(전국)	광양
44	낙생고	13	8	5	11	388	일반(평준)	성남
47	인천과고	12	12	0	16	92	과고	인천 중
47	부산과고	12	11	1	19	119	과고	금정
47	진선여고	12	9	3	8	484	일반(평준)	강남
47	보인고	12	7	5	8	398	자사(광역)	송파
47	부산국제고	12	6	6	11	171	국제고	부산진
47	양서고	12	5	7	14	293	일반(자율)	양평
47	중산고	12	5	7	23	468	일반(평준)	강남
54	경남과고	11	11	0	23	100	과고	진주
54	고려고	11	8	3	12	366	일반(평준)	광주 북
54	과천외고	11	6	5	12	251	외고	과천
54	서현고	11	3	8	8	418	일반(평준)	성남
58	청심국제고	10	9	1	11	91	국제고	가평
58	양재고	10	8	2	5	385	일반(평준)	서초
58	신목고	10	7	3	8	540	일반(평준)	양천
58	인천국제고	10	7	3	9	138	국제고	인천 중
58	인천하늘고	10	7	3	7	228	자사(전국)	인천 중
58	공주사대부고	10	5	5	13	200	일반(자율)	공주
58	보성고	10	4	6	7	459	일반(평준)	송파
58	숭덕고	10	4	6	8	300	자사(광역)	광산
66	광주숭일고	9	8	1	6	403	일반(평준)	광주 북
66	세광고	9	8	1	8	390	일반(평준)	청주
66	한영고	9	8	1	10	571	일반(평준)	강동
66	대륜고	9	7	2	9	520	일반(평준)	수성
66	경기여고	9	5	4	14	515	일반(평준)	강남
66	상문고	9	5	4	12	547	일반(평준)	서초
66	강서고	9	4	5	12	550	일반(평준)	양천
66	고양국제고	9	4	5	5	204	국제고	고양
66	광남고	9	3	6	10	645	일반(평준)	광진
66	선덕고	9	2	7	3	353	자사(광역)	도봉
66	은광여고	9	2	7	12	429	일반(평준)	강남

순위	학교명						구분	지역
77	인천진산과고	8	8	0		80	과고	부평
77	광주수피아여고	8	7	1	4	386	일반(평준)	광주 남
77	대성고	8	7	1	6	347	자사(광역)	은평
77	서초고	8	7	1	11	381	일반(평준)	서초
77	창현고	8	7	1	6	605	일반(평준)	수원
77	한대부고	8	7	1	6	407	자사(광역)	성동
77	김천고	8	6	2	10	266	자사(전국)	김천
77	부산외고	8	5	3	9	252	외고	연제
77	서라벌고	8	5	3	10	579	일반(평준)	노원
77	압구정고	8	5	3	7	350	일반(평준)	강남
77	청원고	8	5	3	7	242	일반(자공)	청원
77	분당중앙고	8	4	4	8	410	일반(평준)	성남
77	신성고	8	4	4	10	427	일반(평준)	안양
77	재현고	8	4	4	4	515	일반(평준)	노원
77	중대부고	8	4	4	15	514	일반(평준)	강남
77	해운대고	8	4	4	8	216	자사(광역)	해운대
77	배재고	8	3	5	4	388	자사(광역)	강동
77	세마고	8	0	8	4	300	일반(자공)	오산
95	양천고	7	7	0	6	438	일반(평준)	양천
95	청원고	7	7	0	7	604	일반(평준)	노원
95	수원외고	7	6	1	6	200	외고	수원
95	용산고	7	6	1	1	450	일반(평준)	용산
95	대전고	7	5	2	3	441	일반(자공)	대전 중
95	송도고	7	5	2	5	472	일반(평준)	연수
95	광주인성고	7	4	3	2	321	일반(평준)	광주 남
95	대구대건고	7	4	3	4	350	자사(광역)	달서
95	정신여고	7	4	3	5	481	일반(평준)	송파
95	창덕여고	7	4	3	6	433	일반(평준)	송파
95	개포고	7	3	4	6	400	일반(평준)	강남
95	대구외고	7	3	4	8	149	외고	달서
95	김해외고	7	2	5	3	125	외고	김해
95	경문고	7	1	6	2	262	자사(광역)	동작
	계	1,812	1,185	627	1,987	37,104		

※2015.2.12. 등록마감일 등록자 기준(외국고 검정고시 제외)

※순위: 동률일 경우 수시등록, 정시등록 많은 순

※줄임: 자사(전국): 전국단위 자사고, 자사(광역)=광역단위 자사고, 영재=과학영재학교,
　자공=자공고, 자율=자율학교,

※입학정원 출처 : 대학알리미 2015입학생 기준
　(입학정원대비 합격자 수를 알기 위해 제시한 것임)

이 일반고를 준비하는 학생들보다 한발 앞서 나갈 수밖에 없는 이유는 적성과 진로를 깊이 고민해볼 기회를 먼저 갖기 때문이다. 아이 지도 경험이 있는 선생님이나 선배 부모의 조언을 구하여 학교를 선택한다.

셋째, 앞서 파악한 학교들의 특징을 바탕으로 아이가 일반고형인가, 외고형인가, 과학고형인가, 자사고형인가를 먼저 정한다. 주위 환경에 영향을 많이 받는 타입인지, 기숙사 생활이 체질에 맞는지, 자기주도 학습능력이 있는지 등을 고려하여 최종적으로 아이에게 맞는 학교를 선택한다.

특목고/자사고 선택 시 중요하게 고려해야 할 사항은?

고등학교 선택 시 대입전형을 이해하고 있어야 한다. 아이의 특성과 성향에 따라 선택하되 목표로 하는 대학의 전형에 맞는지 따져본다. 아이에게 맞는 큰 틀 속에서 특목고나 자사고를 선택했다면 다음 사항들을 고려해 다시 점검해보자.

첫째, 대입 실적을 정확하게 파악했는가? 현역 학생들의 명문대 진학실적은 어떤지, 재수생의 합격률은 어떤지, 의·치·한 합격 실적과 외국 대학 합격 실적은 어떤지, 수시와 정시의 합격 비율은 어떤지 등을 정확하게 파악하라.

둘째, 교육과정을 검토했는가? 교과과정과 전반적인 학교운영 시스템을 검토해보면 학교가 아이와 얼마나 맞는지, 대학 입시에 얼마나 도움이 되는

지 파악할 수 있다. 교육과정에 따라 유리함과 불리함을 따져보도록 한다.

셋째, 학생 정원을 고려했는가? 대입 실적을 단순히 합격생의 숫자로만 파악하기 쉽다. 입학 정원을 보아야 실질적인 경쟁력을 정확히 파악할 수 있다. 또한 내신산정과 수시전형 준비 등에서 학생 정원은 커다란 영향을 끼친다. 문·이과 비율에 대한 정보도 미리 알고 있어야 한다.

넷째, 공립고를 보낼지 사립고를 보낼지 결정했는가? 대학 입시를 중심으로 봤을 때 사립고가 상대적으로 대입 실적에 민감하여 대입 실적을 높이기 위해 능동적인 노력을 기울인다. 논술전형이나 학생부종합전형 등의 준비체계나 입시 노하우도 다년간 축적되어 강점을 보인다. 반면 공립고는 학교 나름대로 명문고로서 자리매김하는 학교도 많고, 등록금이 저렴하다는 특성이 있다.

다섯째, 기숙학교의 장단점을 알고 있는가? 기숙학교의 경우 시간 제약이 있기 때문에 사교육을 접할 기회가 상대적으로 적다. 본인이 사교육을 병행해야 할지, 자기주도적으로 할지에 대한 검토가 필요하다. 또한 기숙사 생활 자체가 아이에게 맞는지도 고려해야 한다.

여섯째, 학교장, 진학부장의 능력도 따져보았나? 입시에서 좋은 성과를 거두는데 학교장이나 설립자의 교육철학이나 열정, 능력이 매우 중요하다. 특히 진학부장의 능력을 학교 선택의 주요소로 여기기도 한다. 수시전형을 목표로 한다면 학생들의 노력만으로는 한계가 있다. 다년간의 준비나 노하우, 연구가 필요하고 학교장이나 진학부장 등 구성원들의 능력과 비전은 학교의 진학 실적에 엄청난 영향을 끼친다.

02

외국어고, 국제고 선택

왜 외고나 국제고인가?

외고나 국제고는 수시, 정시를 가리지 않고 높은 명문대 진학률을 보인다. 우수한 학생들 간의 경쟁을 통하여 전반적으로 실력 향상이 도모될 뿐 아니라 상호협동을 통한 학습효과 향상도 꾀할 수 있다.

상위권 대학이 선호하는 우수한 프로그램을 운영한다. 동아리 활동, 창의적 체험활동, 특화 프로그램 등을 운영하여 수준 높은 비교과(스펙) 관리가 이루어진다. 학교 차원에서도 이러한 비교과 프로그램 개발과 운영에 적극적이고 최대한 지원하는 분위기이다.

외고나 국제고는 해외 대학 진학에 유리하다. 외고나 국제고는 해외 대학을 위한 준비 프로그램이 상대적으로 잘 갖추어져 있다. 이런 전문화된 프로그램은 해외 대학 진학에 절대적으로 유리한 환경을 제공한다. 하지만 모든 외고에서 해외 대학 준비를 깊이 있게 운영하는 것은 아니기 때문에 학교별 해외 대학 진학 실적이나 준비프로그램 등을 사전에 정확하게 체크할 필요가 있다.

전문교과 심화수업 및 제2외국어를 깊이 있게 학습함으로써 대학 입시에서의 우위를 확보할 수 있다. 대학 진학 이후에도 다른 사람에 비하여 경쟁력을 확보할 수 있다. 이러한 요소 때문에 입시에서 대학들이 외고 출신을 선호한다.

졸업 후 우수한 인적 네트워크를 형성할 수 있다. 법조계, 언론계 인사들 상당수가 외고 출신이다. 장차 사회 진출 시 탄탄한 인적 네트워크를 구축할 수 있다는 장점이 있다.

다음 도표에서 보는 바와 같이 외고/국제고는 모집 인원부터 설립, 공학, 기숙 여부, 학교 수준 등 여러 차이가 있다. 학교를 선택할 때는 대학 진학과 연계하여 본인에게 가장 맞는 학교를 선택한다. 또한 지역제한제가 적용되기 때문에 해당 지역에 있는 외국어고, 국제고의 지원만 가능하다는 것도 알아두어야 한다.

■ **외국어, 국제 고등학교**

구분	지역	학교명	모집 정원	기숙 여부	공학 여부	서울대 합격자수	설립	전국 순위
외고	서울	대원외고	281	X	O	79	사립	2
		대일외고	348	O	O	32	사립	9
		명덕외고	284	X	O	32	사립	9
		한영외고	262	X	O	31	사립	11
		이화여자외고	157	X	여	4	사립	156

구분	지역	학교명						
외고	서울	서울외고	263	X	O	3	사립	214
	경기	경기외고	212	O	O	23	사립	19
		고양외고	270	O	O	23	사립	19
		안양외고	250	X	O	15	사립	36
		과천외고	251	X	O	11	사립	53
		수원외고	200	O	O	7	공립	91
		성남외고	200	O	O	6	공립	109
		동두천외고	200	O	O	4	공립	156
		김포외고	207	O	O	0	사립	–
	인천	미추홀외고	196	O	O	3	공립	156
		인천외고	280	O	O	1	사립	454
	강원	강원외고	136	O	O	6	공립	109
	대전	대전외고	250	O	O	15	공립	36
	충남	충남외고	168	O	O	1	공립	454
	충북	청주외고	175	O	O	0	공립	–
	부산	부산외고	252	X	O	8	사립	77
		부산국제외고	211	O	여	4	사립	156
		부일외고	216	O	O	1	사립	454
	울산	울산외고	167	O	O	4	공립	156
	경남	김해외고	125	O	O	7	공립	91
	경남	경남외고	240	O	O	1	공립	454
	대구	대구외고	149	O	O	7	공립	91
	경북	경북외고	121	O	O	0	공립	–
	전남	전남외고	123	O	O	1	공립	454
	전북	전북외고	160	O	O	1	공립	454
	제주	제주외고	102	O	O	0	공립	–
국제고	서울	서울국제고	150	O	O	15	공립	36
	경기	청심국제고	91	O	O	10	사립	57
		고양국제고	204	O	O	9	공립	66
		동탄국제고	200	O	O	2	공립	312
	인천	인천국제고	138	O	O	10	공립	57
	부산	부산국제고	171	O	O	12	공립	47
	세종	세종국제고	97	O	O	–	공립	–

※입학정원 출처: 학교알리미(2015 입학생 기준)

※서울대 합격자 수 출처: 베리스타(http://www.veritas-a.com). 2015.2.12. 등록마감일등록자 기준.

※전국순위는 www.studyholic.com, www.veritas-a.com 을 참조하였으며 서울대 합격자 수를 기준으로 한 것이다. 최종 합격자 수는 다를 수 있고, 학교별로 졸업생 수가 다르기 때문에 단순히 합격자 수만으로 순위를 확정짓는 데는 다소 무리가 있다. 단순 참고용으로만 제시한 것이다.

외고, 국제고 전형 절차 및 선발 방법

외고/ 국제고는 영어 내신으로 1단계 통과자를 가린다. 1단계에서는 영어 내신 160점과 출결로, 2단계에서는 1단계 성적과 면접 40점 총 200점 만점으로 뽑는다.

■ 외고/ 국제고 전형 절차

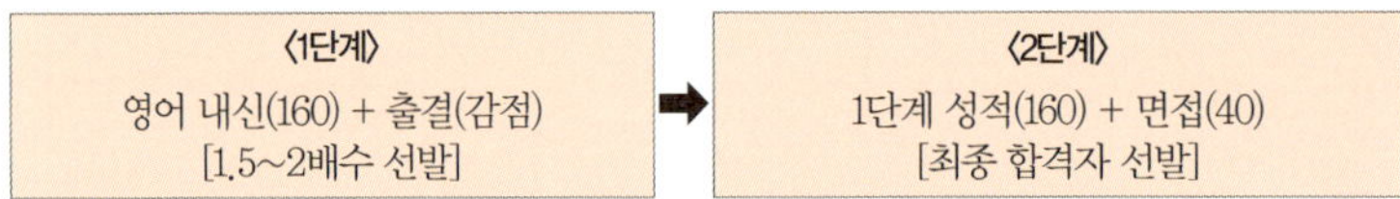

영어 내신 산출 방식은 학교생활기록부 출력 시 자동 계산방식으로 산출된다. 2015학년도부터 2학년 영어 내신은 성취평가제, 3학년 내신은 석차 9등급제로 내신과 출결을 합산하여 정원의 1.5(서울지역)·2배수(경기지역)로 선발한 후 2단계 면접을 통해 최종 합격자를 뽑는다.

■ 영어 내신 배점 방식

영어 내신 = 4개 학기 영어 환산점수의 합						
절차	1단계					2단계	총점
학기	2학년 1학기	2학년 1학기	3학년 1학기	3학년 2학기	출결	면접	
배점	40	40	40	40	감점	40	200

외고와 국제고 자기주도학습전형에서는 영어 내신으로만 1단계 통과자를 가린다. 1.5(서울지역)~2배수(경기지역)로 학생을 선발한 후 2단계 면접으로 최종합격자를 뽑는다. 이때 1단계 내신평가는 성취평가제(2학년) 및 석차등급제(3학년)에 따른 환산점수의 합으로 이루어진다. 다음〈표〉에서 보는 바와 같이 2학년의 성취평가제 환산점수는 A등급(90점 이상)이 40점이며, B등급(80점 이상)은 36점으로 등급 간 4점씩 차이가 난다. 3학년의 석차등급제 환산점수는 1등급(4% 이내)이 40점 만점이며, 2등급(11% 이내)은 38.4점, 3등급(23% 이내)은 35.6점으로 등급이 떨어질수록 등급 간 점수가 벌어진다. 외고/국제고를 목표로 하는 학생은 2학년 성취평가제는 당연히 A등급을 확보하고, 3학년 석차등급제 또한 1~2등급을 유지해야만 한다.

■ 외고/국제고 영어 내신 산정 방법

중학교 2학년 내신적용 (성취평가제)			중학교 3학년 내신적용 (석차 9등급제)		
등급	등급구간	환산 점수	등급	등급구간	환산 점수
A	90점 이상	40	1	~4% 이하 (4%)	40.0
B	80점 이상~90점 미만	36	2	4% 초과 ~11% 이하 (7%)	38.4
C	70점 이상~80점 미만	32	3	11% 초과 ~23% 이하 (12%)	35.6
D	60점 이상~70점 미만	28	4	23% 초과 ~40% 이하 (17%)	30.8
E	60점 미만	24		이하(5등급~9등급) 생략	

영어 내신 적용 시 주의해야 할 사항이 있다. 동일석차 발생 시 중간석차를 적용하는 것이다. 가령 영어시험에서 100명의 학생이 시험을 쳐서 100점

만점을 받는 학생수가 7명일 경우에는 {1+(7-1)/2}÷100=4%가 되어 모두 1등급을 받을 수 있다.

그러나 100점 만점자가 8명이면 중간석차가 {1+(8-1)/2}÷100=4.5%가 되어 4%를 넘기 때문에 8명 모두 1등급이 아닌 2등급을 받게 된다. 따라서 수행평가에서의 1점 감점이 등급에 결정적인 영향을 미칠 수 있다.

■ **동석차 석차 백분율 계산방식**

해당등급 석차백분율 = {본인석차 + (같은석차명수−1)/2} ÷ 전체

외고, 국제고 진학을 위한 준비

중 2~3학년 내신은 최고를 유지해야 한다

중학교 2학년 성취평가제는 기본이고 3학년 때에 1등급을 확보해야 한다. 최고 실력을 유지하며 내신을 최상위로 유지하기 위해서는 일단 학교에서 진행하는 평가방식에 대한 준비를 철저하게 해야 한다. 과거의 지필위주의 시험에서 서술형, 논술형 평가에 대한 대비와 수행평가에 대한 대비가 중요하다.

외고는 들어가기보다 적응하기가 힘들다

외고는 탄탄한 외국어 능력을 바탕으로 경쟁상대와 경쟁을 즐기며 스스

로 성장하는 데 성취감을 느끼는 학생들에게 적합하다. 반대로 치열한 경쟁 속에서 적응하지 못해 과도한 스트레스로 중도 탈락하는 경우도 꽤 많다. 더군다나 외국어 전문교과를 이수해야 하기 때문에 외국어 실력이 없는 경우는 경쟁을 이겨내지 못하고 심한 자괴감에 빠질 수도 있다.

자기주도 학습능력이 필요하다

혼자 공부하는 자기주도 학습능력 없이 부모의 코칭과 학원의 주입식 교육으로 합격한 경우 혼자 어떻게 공부할지 몰라서 방황하기도 한다. 혼자서도 공부할 수 있는 능력이 반드시 필요하다.

구체적인 진로 방향을 모색해야 한다

대학 수시모집 평가에서 핵심 내용은 대학에 진학한 후의 전공 역량이라 할 수 있다. 진로를 일찍 찾으면 동아리 활동, 특기 적성, 방과후 활동 등에서 미리 전공 역량을 키울 수 있다. 이것은 수시전형에서 우위를 확보할 수 있다.

외고도 수학 잘하는 학생을 선호한다

외고는 영어 등 외국어 분야에 관심이 높은 상태에서 영어 및 제2외국어 한 과목을 반드시 이수해야 한다. 미리 준비하지 않았다면 진학 후 많은 시간을 투자해야 하기 때문에 학업을 제대로 수행하기 어렵다. 따라서 외고를 목표로 하는 학생 대부분은 영어 · 수학에 대한 선행과 심화학습을 기본적으로 갖추고 진학한다.

외고는 특수목적고로 기본영어 10단위 이외에 전문교과 과정으로 영어 및 전공 외국어를 80단위 이상 수강해야 한다. 외국어에 대한 능력과 적성이 전제되지 않으면 학업을 따라가는 것조차 힘들다.

또한 외고는 수학의 선행 · 심화가 부족하면 적응하기 어려운 곳이다. 외고임에도 불구하고 오히려 수학에 좌절감을 느끼는 경우가 많다. 외고는 일반고에 비해 적은 수업시수에도 불구하고 한 학기에서 1년 정도 진도가 빠르다. 외고에서 정기 교육과정만으로는 수능 고득점을 담보할 수 없다. 특히 사교육의 도움을 받기 힘든 기숙형 학교라면 입학 후 스스로의 노력만으로 실력을 따라 잡는 것은 극도로 어렵다. 이 때문에 외고는 영어보다 수학을 더 잘하는 학생이 진학해야 유리하다는 게 상식이 되었다. 이런 이유로 외고에서 과학고를 준비했던 학생을 선호하거나 영어보다는 오히려 수학에 능력 있는 학생을 뽑는 추세다.

과학고, 과학영재학교 선택 03

왜 과학고, 과학영재학교인가?

체계적으로 준비하면 과학고 진학에 실패한다고 해도 명문 대학이 보장된다. 수학·과학 쪽에 재능이나 영재성이 있다면 일찍부터 과학영재학교나 과학고 준비를 하는 것이 좋다. 준비과정에서 본인의 적성과 능력과 맞지 않아 계획을 수정하여 자사고나 외고, 일반고에 진학해서도 대부분 두각을 나타낸다.

또한 모두 공립이기 때문에 다른 특목고에 비해 수업료나 기숙사비 등이 상대적으로 저렴하다. 대학 진학에서도 과학고, 영재고는 압도적 우위를 차지한다.

구분	지역	학교명	정원	기숙사	공학	서울대합격자수	전국순위
과학고	서울	세종과학고	155	O	O	25	16
		한성과학고	140	O	O	18	31
	경기	경기북과학고	99	O	O	15	36
	인천	인천과학고	92	O	O	12	47
	강원	강원과학고	60	O	O	3	214
	충남	충남과학고	72	O	O	3	214
	충북	충북과학고	54	O	O	4	156
	부산	부산과학고	119	O	O	12	47
	울산	울산과학고	81	O	O	6	109
	경남	경남과학고	100	O	O	11	53
	경북	경북과학고	40	O	O	3	214
		경산과학고	60	O	O	3	214
	대구	대구일과학고	80	O	O	3	214
	창원	창원과학고	79	O	O	1	454
	전남	전남과학고	80	O	O	5	125
	전북	전북과학고	60	O	O	2	312
	제주	제주과학고	39	O	O	1	454
영재 학교	서울	서울과학고	120	O	O	57	4
	부산	한국과학영재학교	128	O	O	25	16
	경기	경기과학고	120	O	O	56	5
	대전	대전과학고	90	O	O	15	36
	대구	대구과학고	90	O	O	22	23
	광주	광주과학고	90	O	O	3	214
	세종	세종과학예술영재학교	84	O	O	–	–
	인천	인천과학예술영재학교	75	O	O	–	–

*입학정원 출처: 학교알리미–2015입학생 기준

*서울대 합격자 수 출처: 베리스타(http://www.veritas-a.com), 2015.2.12. 등록마감일등록자 기준.

*전국순위는 www.studyholic.com, www.veritas-a.com 을 참조하였으며 서울대 합격자 수를 기준으로 한 것이다. 최종 합격자 수는 다를 수 있고, 학교별로 졸업생 수가 다르기 때문에 단순히 합격자 수만으로 순위를 확정짓는 데는 다소 무리가 있다. 단순 참고용으로만 제시한 것이다.

과학고 학생 대부분은 수능 위주 정시보다는 수시를 통해 수능최저기준 없이 특기자전형, 학생부종합전형, 이공계 특성화대학 등으로 진학한다. 과학고나 영재학교에서 우수한 성적을 거둔 학생들은 대부분 서울대, 카이스트, 포스텍 등 최상위 학교에 진학하고 있다.

수시 확대의 최대 수혜자도 과학고, 영재학교이다. 학교교육 과정상 수능을 효율적으로 준비하기 힘들지만, 대부분 수시에 지원하면서 서울대를 비롯한 명문대에서 요구하는 지적 탐구 활동과 전공 역량이나 전공 적합성에서 유리한 고지를 점령하고 있다. 더욱이 AP(대학과목 선이수제), R&E(과제연구) 등이 활성화되어 일반학생보다 수시에서 더욱 돋보일 수밖에 없다.

과학고, 영재학교 전형 방법

과학영재학교는 과학고와 유사한 형태이지만 여러 가지 차이점이 있다. 영재학교는 특목고/자사고 전형에 앞서 4월부터 6월까지 진행된다. 모집단위도 전국적으로 이루어지며 지원 학교수에도 제한을 받지 않는다. 전형 방법은 1단계에서 학생부, 자기소개서, 추천서 등을 종합적으로 평가하며, 2단계에서는 수학, 과학 중심의 융합적 사고 및 창의적 문제해결능력을 평가한다. 이후 3단계에서는 영재성 캠프를 통해 과학적 탐구능력, 발표 및 토론 능력 등을 종합평가하여 최종 합격자를 결정한다. 특히 지원 자격이 중학교 졸업생이나 졸업 예정자뿐만 아니라 재학생까지 포함하고 있다는 것이 과학영재학교의 큰 특징이다.

과학고는 영재학교와는 달리 거주 지역 내에 위치한 고교에만 지원할 수 있다. 또한 전기고인 외고, 국제고, 자사고 등에 복수지원이 불가능하다. 전형방법은 1단계에서 1.5~2배수를 선발한다. 1단계 내신은 1~3학년 수학/과학 성적이 반영되며 학생부, 자기소개서, 교사추천서를 종합하여 평가한다. 또한 방문면접을 실시하여 1단계 성적과 면접을 합산하여 최종 합격자를 선발하게 된다. 내신 반영 시 학교별로 반영 학기나 반영 비율이 다르므로 학교별 모집요강을 꼼꼼하게 체크해야 한다.

■ **과학 영재 학교와 과학고 전형 방법 비교**

구분	과학영재고	과학고
1단계	**[서류평가]** –학생부, 자기소개서, 추천서, 영재성 입증 자료 지원지의 인성 및 영재성을 종합적으로 평가	**[서류평가]** –교과 내신(수학 50%, 과학 50%) –출결상황, 창의적 체험활동상황 등 학교생활기록부를 종합적으로 검토, 방문면접 대상자 선정(총 모집인원의 2배수 내외)
2단계	**[영재성 평가]** –수학·과학에 대한 교과지식을 바탕으로 융합적 사고 및 창의적 문제해결력 등을 평가	**[방문 면담]** –면접대상자 선정 (총 모집인원의 1.5배수 내외)
3단계	**[영재성 캠프]** –1박 2일~2박 3일 간의 과학캠프 –창의연구설계 및 해석, 발표 및 토론능력 등을 평가 –면접을 통해 인성, 과학적 탐구능력 등을 평가	**[면접 평가]** –지원자, 담임교사, 수학 또는 과학 담당교사 면접대상자 선정(총 모집인원의 1.5배수 내외) –서류평가, 방문면담, 면접평가, 추가자료 평가 결과를 종합하여 합격자 선발

과학고, 과학영재학교 진학을 위한 준비

수학과 과학 내신 A와 학생부 관리는 기본이다

과학고는 1단계에서 수학, 과학 내신뿐 아니라 전체 성적이 표시된 학생부를 포함한 서류로 종합평가한다. 또한 수상실적이나 영재학급, 영재교육원 수료에 대한 반영 방법이 학교마다 차이가 있으므로 고교별 모집요강을 미리 파악하고 있어야 한다.

영재학교는 학교별 전형 요소를 확인하라

영재학교는 각 학교별로 입시전형에 차이가 있기 때문에 학교별 전형 요소를 꼼꼼히 확인해야 한다. 올림피아드 수준까지 깊이 있는 공부를 해야 함은 물론 3단계까지의 심층 창의력 측정과 조별과제, 과학 논술, 과학 실험 등을 위한 발표력 연습 및 과학논술 대비 사고력 확장에 초점을 맞춰 준비해야 한다.

경시대회와 올림피아드 준비로 실력을 쌓아라

과학고 진학의 든든한 지원군인 경시대회와 올림피아드를 준비하자. 초등학교 때는 수학·과학 경시대회, 중학교 때는 올림피아드에 꾸준히 참가하라. KMO(수학 올림피아드), 각종 경시대회 수상 경력이 도움이 된다기보다는 수상할 실력 정도여야 영재학교나 과학고에서 경쟁력이 있다. 수상을 위해 실력을 쌓으며 깊이 있는 공부를 하는 것이 필요하다. 이런 준비과정은 명문대 진학의 원동력이 된다.

영재성을 발굴하고 발전시켜야 한다

지적인 자극을 주고 호기심을 발산할 수 있는 환경을 만들어주어야 한다. 사고력, 창의력 문제해결능력을 초등학교 때부터 심어주어야 한다. 이후 수학, 과학 분야에 적성이 있고 과제 집착력이 뛰어난 아이인지의 판단이 중요하다.

과학고, 과학영재학교 진학은 체계적인 관리와 플랜이 필요하다

과학고, 영재학교에 갈 아이는 대체로 초등학생 때 결정된다. 과학고에 진학하려면 초등학교 3학년 때부터 수학, 과학의 토대를 닦아야 한다. 초등학교 때부터 영재성을 판별하여 체계적으로 준비한 학생들이 경쟁력이 있다. 영재교육원이나 영재학급, 각종 경시대회 등의 체계를 밟아 준비하는 경우가 대부분이다. 장기간에 걸친 준비 없이는 진학이 힘들다.

과학 영재학교와 과학고를 동시에 준비한다는 생각으로 진학 플랜을 세운다. 과학영재학교와 과학고는 입시 준비 과정이 매우 비슷하고 선발 방식도 유사하기 때문에 동시에 준비하는 계획을 세우고 과학영재학교를 지원한 후에 떨어지면 과학고에 진학하는 형태를 띠고 있다. 학생들 입장에서는 영재학교를 통해서 본인의 준비 정도를 가늠해볼 수 있고 부족한 부분을 보완할 수 있다.

과학고, 영재학교는 준비된 사람만 가야 한다. 과학고의 경우 재학생의 상당수가 조기졸업을 한다. 물론 수학·과학의 학습량은 일반고는 물론 자사고와 비교할 수 없을 정도로 어마어마하다. 고등학교 수학·과학 과정은 선행과 심화학습을 마친 상태로 고등학교에 진학한다는 것을 전제로 하기 때문이다. 대부분의 과학고 1학년은 중학생 때 고3 수학까지 선행한다. 적어도 고2 수준까지는 기본으로 선행한다. 과학고 수업을 위한 선행과 심화학습이 안 되어 있다면 수업을 따라가기 힘들다.

04
자사고 선택

왜 자사고인가?

자사고는 일반고에 비해 변화하는 교육정책에 훨씬 유연하고 발 빠르게 대처하며 대학 입시에 최적화된 학교이다. 당연히 좋은 교육 시스템과 교육 환경을 추구한다.

특화된 우수한 프로그램으로 의대·치대·한의대 합격률이 높다. 전국단위 자사고나 서울 강남의 자사고들의 의·치·한 합격률이 매우 높다. 이들 학교들은 수학, 과학의 학업 수준이 높고 심화학습이 잘되어 있다. 또한 일반고에 비해 자기주도 학습활동을 활발하게 할 수 있는 구조이다.

자사고는 인문계열과 자연계열 모두 선택할 수 있다. 외고는 인문계열 중심, 과고는 자연계열 중심인 반면에 자사고는 문·이과를 뚜렷하게 구분

하지 않아 학생들의 진학 폭이 넓다. 대학 진학을 위한 맞춤형 학교 형태인 셈이다. 자사고는 커리큘럼 자체가 일반고에 비해 대학 진학에서 비교 우위에 있다. 학생들의 학업능력이 우수하여 학교 진도를 빠른 시간에 마칠 수 있고 교과 내용을 계속 복습하면서 심화 문제까지 해결하여 수능 준비에 최적화된 환경을 마련해준다.

수시 지원을 위한 다양한 프로그램이 갖추어져 있다. 자사고는 일반고에 비해 학생부종합전형, 논술전형, 특기자전형 등 비교과 영역에 대한 다양한 프로그램과 학교 활동 운영에 적극적이다. 수시전형에 유리한 전공 역량 준비에 학교가 능동적으로 좋은 환경을 만들어주기 때문에 동기부여가 훨씬 더 잘 된다.

자사고 한눈에 파악하기

자사고는 크게 전국단위 자사고와 지역 단위 자사고로 구분한다. 전국단위 자사고란 모집 단위가 전국이므로 지원하는 학생의 거주지에 상관없이 지원 가능하며 모두 기숙학교 형태이다. 반면에 지역 단위 자사고는 해당 지역에 거주하는 학생만 지원 가능하다. 다른 지역의 지역 단위 자사고에 입학하려 한다면 지원하기 전에 전학과 이사 절차를 밟아야 한다.

다음 〈표〉는 전국단위 및 지역 단위 자사고를 나타낸 것이다. 이 중 서울 지역 자사고는 현재 설립 취소 등의 문제로 논란이 되고 있다.

■ **전국 자사고**

구분	지역	학교명	정원	기숙 여부	공학 여부	서울대 합격자 수	전국 순위
전국 단위	서울	하나고	210	O	O	54	6
	경기	외대부고	347	O	O	61	3
	인천	인천하늘고	228	O	O	10	57
	강원	민족사관고	157	O	O	37	8
	충남	천안북일고	382	O	일반계:남 국제:O	6	109
	전북	상산고	384	O	O	53	7
	울산	현대청운고	180	O	O	19	28
	경북	포항제철고	455	O	O	27	14
	경북	김천고	266	O	남	8	77
	전남	광양제철고	385	O(216)	O	13	44
지역 단위	서울	휘문고	416	X	남	28	12
		세화고	354	O	남	23	19
		현대고	388	X	O	23	19
		중동고	362	X	남	21	24
		세화여자고	353	X	여	15	36
		보인고	398	O	남	12	47
		서덕고	357	X	남	9	66
		배재고	388	O	남	8	77
		대성고	347	X	남	8	77
		한양대부속고	407	O	O	8	77
		경문고	262	X	남	7	91
		양정고	396	X	남	6	109
		대광고	320	X	남	5	125
		이화여대부속고	375	X	O	5	125
		동성고	372	짓는중	남	4	156
		신일고	368	O	남	4	156
		이화여자고	418	O	여	4	156
		미림여자고	295	O	여	3	214
		숭문고	240	X	남	3	214
		장훈고	362	O	남	3	214
		우신고	200	O	남	2	312
		중앙고	315	O	남	2	312

지역 단위	지역		입학정원				
		한가람고	280	X	O	2	312
		경희고	262	X	남	0	–
	경기	안산동산고	638	O(100)	O	28	12
	부산	해운대고	216	O	남	8	77
	부산	동래여자고	268	O	여	1	454
	대구	경신고	396	X	남	16	33
		대건고	342	O	남	7	91
지역 단위	대구	계성고	342	짓는중	O	4	156
		경일여자고	273	O	여	3	214
	대전	대성고	350	짓는중	남	3	214
		서대전여자고	295	O	여	2	312
	광주	숭덕고	300	O	O	10	57
		송원고	280	O	O	3	214
	전북	남성고	350	O	남	5	125
		군산중앙고	223	O	남	2	312
	울산	성신고	240	O	O	6	109
	인천	포스코 고	244	O	O	–	–

※학교에 따라 정원(내·외)이 다소 다를 수 있음.

※입학정원 출처: 학교알리미 – 2015 입학생 기준

※서울대 합격자 수 출처: 베리스타(http://www.veritas–a.com). 2015.2.12. 등록마감일등록자 기준.

※전국순위는 www.studyholic.com, www.veritas–a.com 을 참조하였으며 서울대 합격자 수를 기준으로 한 것이다. 최종 합격자 수는 다를 수 있고, 학교별로 졸업생 수가 다르기 때문에 단순히 합격자 수만으로 순위를 확정짓는 데는 다소 무리가 있다. 단순 참고용으로만 제시한 것이다.

자사고 전형 방법

자사고는 우수한 교육프로그램과 시스템으로 뛰어난 대학 진학 실적을 보이고 있어 매년 진학 경쟁률이 증가하고 있다. 자사고 중 전국에서 학생을 선택하는 전국단위 자사고는 자기주도 학습전형으로 학생을 선발한다. 1단계는 교과 성적과 출결 상황으로 1.5~2배수를 뽑고, 2단계는 대체로 1단계 성적과 서류평가 및 면접으로 최종 합격자를 선발한다. 자기주도 학습전형으로 평가하는 면접에서는 자기 계발 계획서의 내용을 집중적으로 검증한다.

■ **자사고 전형 방법**

학교명	선발방법
외대부고	1단계(2배수) : 학교생활기록부Ⅱ(교과 성적, 출결상황)[40점] 2단계 : 1단계 성적[40점] + 서류평가[30점] + 면접평가[30점]
민사고	1단계(3배수) : 교과 성적(100%) 2단계(2배수) : {1단계점수(50점) + 서류심사점수(50점)} = 100점 3단계 : 입학전형위원회에서 서류, 면접, 체력검사 결과를 종합심사하여 최종합격자 결정
상산고	1단계(2배수) : 학교생활기록부Ⅱ(교과 성적[400점], 출결상황[30점]) 2단계 : 1단계 점수 + 면접(자기주도 학습[70점], 인성[30점], 봉사활동[20점], 특기사항[50점])= 총계 600점)
하나고	1단계(2배수) : 교과 성적 + 출결상황 = [40점] 2단계 : 1단계 성적 + 서류평가[30점] + 면접[30점] +체력검사
현대청운고	1단계(2배수) : 교과 성적 + 출결 = [65점] 2단계 : 1단계 성적[65점] + 면접[35점] = 총점[100점]
포항제철고	1단계(1.5배수) : 교과 성적 + 출석성적 2단계 : 1단계 성적[160점] + 서류·면접점수[40점] = 총점[200점]
광양제철고	1단계(1.5배수) : 내신[160점] + 출결상황[감점] = [160점] 2단계 : 1단계 성적[160점] + 면접[40점] = 총점[200점]
김천고	1단계(1.5배수) : 교과 성적[240점] + 출결점수[10점] 2단계 : 1단계 점수[250점] + 서류[50점] + 면접[60점]
인천하늘고	1단계(2배수) : 교과 성적[200점] + 출석성적[감점] 2단계 : 1단계 성적[200점] + 면접점수[40점]

북일고	1단계(2배수) : 중학교 성적 + 출결 2단계 : 1단계 점수 + 서류점수 + 면접점수
안산동산고	1단계(1.5배수) : 내신[250점] 2단계 : 1단계 점수[250점] + 면접점수[50점] = 총점[300점]
서울지역자사고	1단계(1.5배수) : 성적 제한 없이 각 전형별 정원 추첨 선발 2단계 : 면접으로 최종 합격자 선발

주) 2016학년도 기준

■ **자사고 내신 반영 과목 가중치**

구분	국어	영어	수학	사회	과학	기타	계
외대부고	25%	25%	25%	12.5%	12.5%		100%
민사고	5	5	5	3	5	+전과목합(8점)	31점
상산고	80점	80점	100점	60점	60점	+체육(20점)	400점
하나고	5	5	5	3	3	+전과목합(5점)	26점
현대청운고	25%	30%	35%	5%	5%		100%
포항제철고	15%	25%	30%	10%	20%		100%
광양제철고	15%	25%	30%	10%	20%		100%
김천고	40점	80점	80점	20점	20점		240점
인천하늘고	40점	60점	60점	−	40점		200점
북일고	30점	60점	60점	30점	30점		210점
안산동산고	(전과목 비중동일)						250점

주) 2016학년도 기준

〈표〉 자사고 학교 내신 반영 과목 가중치를 보면 전국단위 자사고는 학교 내신 반영 과목이나 가중치가 매우 다르다. 대개 국·영·수·사·과 등 주요 과목에 대해 가중치를 부과하는 방식이다. 민사고는 중학교 전 학년과 전 과목 성적을 반영할 뿐 아니라 면접이나 체력검사의 난이도가 매우 높은 편이다.

구분	1학년 1학기	1학년 2학기	2학년 1학기	2학년 2학기	3학년 1학기	3학년 2학기	합계 합계
외대부고			20%	20%	35%	25%	100%
민사고	10%	10%	20%	20%	40%		100%
상산고		10%	25%	25%	40%		100%
하나고		10%	20%	30%	40%		100%
현대청운고		15%	20%	25%	40%		100%
포항제철고		20%	25%	25%	30%		100%
광양제철고		20%	25%	25%	30%		100%
김천고	5%	5%	15%	15%	40%	20%(중간)	100%
인천하늘고			20%	20%	30%	30%	100%
포스코고		10%	20%	30%	40%		100%
북일고	10%	10%	25%	25%	30%		100%
안산동산고			20%	20%	30%	30%(중간)	100%

※2016학년도 기준(단위 %)

〈표〉 사사고 학교 내신 학기별 가중치를 보면 내신의 학기별 가중치는 학교별로 다양하다. 이 역시 목표로 하는 학교의 학기별 내신 가중치를 미리 파악하고 전략을 세워야 한다. 전국단위 자사고 전형은 내신에서 확고한 우위를 확보하지 못하고서는 지원하는 의미가 없다. 따라서 전국단위 자사고를 선택하려면 중학교 1학년 때부터 주요 과목을 중심으로 전과목, 전학년 성적을 성취도 A로 관리해야 한다. 특히 학년이 올라갈수록 주요 과목에서 성취도 B가 나오지 않도록 주의해야 한다.

자사고 진학을 위한 준비

탄탄한 내신 관리가 첫째이다

전국단위 자사고에 진학하려면 중학 전학년 동안 국·영·수·사·과의 성취평가제 A등급을 확보해야 한다. 일부 학교는 성취평가제에 더하여 원점수나 표준편차를 활용하기도 하기 때문에 단순하게 성취평가제 A등급에 만족해서는 안 된다. 경쟁력 있는 전국단위 자사고 중에는 성취평가제 전학년 전과목 A등급을 확보하고도 떨어지는 경우가 있다. 좋은 내신은 필요조건이지 충분조건이 아니다. 대부분 비슷한 내신을 갖춘 학생들과 경쟁하기 때문에 자기소개서나 면접을 통해 우열을 가린다.

진학하고자 하는 학교의 전형을 미리 파악하여야 한다

목표로 하는 학교의 내신 반영과목과 학기별 가중치를 미리 파악하여 대비한다. 각 학교들은 성취평가제 적용으로 학생 실력에서의 변별력 확보가 어렵기 때문에 학교마다 내신 산출 방식이나 반영 과목 및 반영 학기를 달리하여 변별력을 확보하려 한다. 따라서 본인이 목표하는 학교의 전형 방법을 이해하고 이에 따른 차별화한 준비가 필요하다.

학생부 관리는 저학년부터 미리 해야 한다

자기주도 학습전형에 대비해야 한다. 내신뿐 아니라 인성, 봉사, 체험활동, 자기주도 학습능력 등이 평가에 중요하게 반영되기 때문에 성적 외에도 틈틈이 체험활동, 봉사, 독서활동 등을 해놓아야 한다.

진학 후 상위 30% 유지할 자신 있을 때
자사고에 진학하라

반드시 진학 후 경쟁력까지 고려해야 한다. 특목고나 자사고가 좋은 대학을 보장해주는 건 아니다. 그 속에서 자신의 경쟁력을 확보했을 때 목표하는 대학 진학이 가능하다.

자사고 준비가 사실상 대학 준비 과정이라는 생각을 가져야 한다. 가고자 하는 고등학교가 자신과 잘 맞을지 생각해보아야 한다. 궁극적으로는 대학 입학이 목표이므로 자신의 장점을 잘 살릴 수 있는 고교에 지원하는 것이 좋다.

준비가 안 된 자사고 진학은 오히려 독이 될 수 있다. 자사고 진학 후 중위권을 넘지 못하면 대학 입시에 오히려 불리하게 작용할 수 있다. 내신, 수능, 비교과 등 모든 환경에 스트레스를 받을 수 있다. 특히 내신은 한두 문제만 틀려도 등수가 떨어져 깊은 패배감을 맛볼 수 있다.

자율학교 선택 ⁰⁵

왜 자율학교가 두각을 나타내는가?

자율학교에 지원하는 학생들 대부분이 외고/국제고, 과학고, 자사고를 준비했거나 처음부터 자율학교 진학을 위해 노력해온 학생들이다. 중학교 내신과 자기소개서, 면접 등의 과정을 거쳐 통과된 학생들이기 때문에 성적이 우수하고 뛰어난 면학 분위기를 조성한다. 특히 자기주도 학습능력과 학업 의지는 일반 고등학교에 비해 앞선다.

자율학교는 대개 특목고/자사고의 장점을 도입하려고 한다. 대부분이 기숙사 생활을 하고 방과후 활동이나 동아리 활동을 적극 지원하여 학생들의 비교과 영역에서 성과를 내어 수시(학생부 종합 전형) 지원의 경쟁력을 높이려 한다.

학비가 부담스러운 특목고나 자사고에 비해 일반고 수준으로 등록금이 저렴하다.

대개 기숙사 생활을 하며 위치가 농촌지역에 자리 잡고 있어 사교육에서 자유롭다는 것은 장점이자 단점이 될 수 있다. 대부분 인터넷 강의 시스템을 제공하거나 강사를 초빙하여 보완한다. 영어와 수학은 수준별 수업으로 진행되며 별도로 고급수학반, 인문논술반, 자연논술반 등 심화 프로그램을 운영하여 수능에 대비한다.

자율학교의 가장 큰 장점은 우선 선발이라는 점이다. 외고/국제고나 과학고, 자사고의 현재 선발방식은 대개 내신 중심이다. 이 선발 방식은 변별력이 떨어져 실력을 갖추고도 합격하지 못하는 경우가 많다. 자율학교는 특목고나 자사고에 떨어진 학생들 중 우수한 인재들을 선발할 수 있기 때문에 대학 입시에서도 좋은 결과로 이어질 수밖에 없다. 일부 자율학교는 이러한 상황을 최대한 활용하여 정기적인 상담과 관리로 우수한 인재 확보에 매우 적극적이다.

주요 자율학교 현황

다음 〈표〉는 주요 자율학교 현황을 나타낸 것이다. 대표적으로 공주한일고나 공주사대부고 등은 웬만한 특목고 수준을 능가한다. 공주한일고는 2015학년도 서울대 합격자를 24명이나 배출하여 일반고 중에서 전국 1위이고, 특목고나 자사고 전체를 포함해도 전국 18위를 차지했다.

학교명	지역	형태	모집 단위	공학
한일고	충남 공주	농어촌 자율학교	전국	남
공주사대부고	충남 공주	농어촌 자율학교	전국	O
거창고	경남 거창	농어촌 자율학교	전국	O
익산고	전북 익산	농어촌 자율학교	전국	O
거창대성고	경남 거창	농어촌 자율학교	전국	남
안동풍산고	경북 안동	농어촌 자율학교	전국	O
양서고	경기 양평	농어촌 자율학교	지역	O
와부고	경기 와부	자율형 공립고	지역	O
세마고	경기 오산	자율형 공립고	지역	O

자율학교 전형 방법 및 특징

자율학교의 전형 방법, 반영 학기, 반영 과목 등은 학교마다 차이가 있다. 학교 입시설명회나 사전 입시상담을 통해 정확한 전형 방법을 사전에 알고 있어야 한다. 또한 희망학교에 합격할 가능성이 높은지 사전상담 등을 통해 충분히 검토한 후 신중하게 결정하는 것이 좋다.

자율학교는 일반 고등학교와 같이 후기 모집으로 지원하기 때문에 '후기 자율학교'라고도 불린다. 전국단위나 지역단위로 모집하는 자율학교는 해당 지역의 일반고 전형일정과 거의 비슷하거나 조금 앞서서 모집이 진행된다. 따라서 가고 싶은 학교가 어디인지 살펴보고 원서 접수 및 합격자 발표 시점 등을 해당 학교에 미리 알아보는 것이 중요하다.

학교	정원	전형 방법	과목, 반영	학기	기타
한일고	160 (남)	1단계: 교과 성적+출결 2단계: 1단계 성적+ 서류평가+면접	국어 75% 수학 140% 사회 70% 과학 75% 영어 140%	1학년 20%, 2학년 30% 3학년 1학기 50%	전국일반 68.7% 광역일반 28.7% 사회통합 2.5%
공주 사대부고	198	1단계: 교과 성적+출결 2단계: 1단계 성적 (140점)+서류(30점)+ 면접(30점)	국어 20% 영수 25% 사과 15%	1학년 20%, 2학년 30% 3학년 1학기 50%	전국 50%, 충남 50%
거창고	112	1단계: 교과 성적 (270점)+출결 2단계: 1단계성적+면접 (30점)	–	1학년 20%, 2학년 30% 3학년 50% (2학기)	전국: 89명 거창: 23명
익산고	108	1단계: 내신 70점 2단계: 면접 30점 1단계+2단계로 최종 선발	국어, 영어, 수학, 과학, 사회	2학년 50% 3학년 50%	일반전형 90% 사회통합 10%
거창 대성고	196	내신200+선발고사200	국어 30% 수학 35% 영어 35%	2학년 40% 3학년 60%	일반전형 100%
안동 풍산고	108	내신300+선발고사	–	1, 2, 3학년 6학기 동일비율	일반전형: 102명 지역균형: 6명
양서고	231	중학교 내신 200점 만 점으로 선발(교과활동 상황 150점, 출결상황 20점, 봉사활동 20점, 학교활동 10점)	일반교과 80% 예체능 전교 과 20%	1학년 20% 2학년 30% 3학년 50%	경기도: 201명 양평: 30명

와부고	240	중학교 내신 200점 만점으로 선발(교과활동 상황 150점, 출결상황 20점, 봉사활동 20점, 학교활동 10점)	일반교과 80% 예체능 전교과 20%	1학년 20% 2학년 30% 3학년 50%	3학년 50% 일반전형 80% 지역인재육성 20%
세마고	300	중학교 내신 200점 만점으로 선발(교과활동 상황 150점, 출결상황 20점, 봉사활동 20점, 학교활동 10점)			일반전형 70% 지역인재육성 30%

※2016학년도 기준

자율학교 진학을 위한 준비

자율학교 준비과정은 대체로 자사고와 비슷하다

자사고와 같이 국어, 영어, 수학, 사회, 과학 등 주요 과목의 내신 확보가 기본이다. 자율학교 역시 반영 교과와 내신 반영 학기는 학교마다 다르기 때문에 가고자 하는 학교의 입시요강을 읽어보고 꼼꼼히 체크해야 한다.

영어 · 수학의 실력을 갖추고 있어야 한다

특목고를 대비하여 영어 · 수학의 선행과 심화학습을 해놓았다면 문제가 없다. 대체로 기숙사 생활을 하기 때문에 사교육을 받을 기회가 없으므로 중학교 때 자기주도적으로 심화학습을 해결할 수 있도록 해야 한다.

전형 일정을 확인해야 한다

자율학교 일정은 학교마다 전형 일정에 큰 차이가 있다. 자율학교와 일반고는 같은 후기 모집에 포함되기 때문에 자칫 큰 낭패를 볼 수도 있다. 입시요강 확인과 함께 사전 상담을 통하여 해당 고등학교에 반드시 확인해야 한다.

자신과 맞는 학교를 선택하는 것도 중요하다

자율학교는 학교마다 운영스타일이나 학교프로그램 등에서 큰 차이를 보인다. 특히 기숙사 생활을 통해 대부분의 시간을 학교에서 보내기 때문에 자신에게 맞는 학교를 선택하는 것이 중요하다.

새로운 입시 강자로 떠오른 자율학교

후기 자율학교는 전기고인 특목고나 자사고 못지않게 우수한 실력의 학생들이 경쟁한다. 주로 도심 속 유해 환경이 전혀 없는 지방에서 기숙사 생활을 통하여 오로지 공부와 특별활동으로 대학 입시에서 매년 우수한 성과를 보이고 있다.

또한 자율학교들은 비교적 자유로운 교육과정 운영이 가능하다. 외고나 국제고, 과학고, 특목고처럼 특정 목적을 위한 교육과정편성이 아니라 자사고에 가까운 자율적인 교육과정 운영이 어느 정도 가능하다. 그렇기 때문에 특색 있는 교육을 진행할 수도 있고 수능 준비에 최적화된 프로그램을 운영하려 한다. 특히 기숙사 학교의 특성을 최대한 활용하여 다양한 교내활동을 지원하여 비교과에서도 우위를 점할 수 있어 학생부종합전형 등 대학 입시에 유리하다.

CHAPTER 05

일반고에서 대학 입시에 성공하는 비법

01
일반고라서 가능한
SKY대 입시 비법이 있다

특목고 진학에 실패하고 일반고에 진학하여 서울대에 합격한 사례가 많다. 특목고에 갔더라면 서울대에 진학하지 못했을 경우도 있다. 서울대 진학을 목표로 한다면 특목고보다 오히려 일반고가 유리할 수 있다. 같은 양을 공부하더라도 특목고에서는 내신 올리기가 쉽지 않으며 우수한 학생들 사이에서 스트레스를 받기 쉽다. 일반고의 유리한 점을 살려 명문 대학에 진학할 수 있는 방법을 살펴보자.

서울대 지역균형제는 일반고의 가장 큰 혜택이다

전국 고등학교 중 서울대 합격자를 단 1명도 배출하지 못하는 고등학교는 전체 고등학교의 65% 정도이다. 하지만 서울대 지역균형제라고 하는 전형이 없었다면 이 비율은 급격하게 올라갈 것이다. 서울대 지역균형제는 일반고나 중소규모의 지방소재 고등학교에 주어지는 가장 큰 혜택이다. 실제 수능성적으로는 진학할 수 없는 상황이더라도 이러한 전형을 적절하게 활용할 경우에는 오히려 특목고나 자사고에 진학한 경우보다 수월하게 서울대에 합격할 수 있다. 이러한 제도를 중학교 때부터 인지하고 전략적으로 일반고로 진학하는 경우도 많다. 내신과 비교과 관리의 초고수이면서 수능 최저를 충족할 수 있는 능력이 있다면 꼭 고려해야 할 전략이다.

지역균형제는 학생부 관리 고수들의 경연장이다. 서울대 지역균형전형은 학교생활을 얼마나 성실하게 했는지를 평가하는 전형이기 때문에 학생부 관리에 가장 많은 신경을 써야 한다. 그중에서도 내신은 전교 1~2등을 확보해야 한다. 학교별 1등끼리 각축을 벌이는 고수들의 싸움이기 때문에 같은 1등이라도 비교 우위에 있다는 것을 확실하게 보여주어야 한다. 특히 학교별 수준 차이가 천차만별이기 때문에 이제는 서울대 지역균형전형이 내신 전교 1등과 수능 최저 충족은 단지 필요조건일 뿐이다. 그 속에서 비교과에서 확실한 차별적 경쟁력을 확보한 경우에만 합격이 가능하다고 생각하면 된다.

특목고나 자사고 심지어는 재수생까지도 거의 경쟁을 하지 않는다는 장점이 있다. 전교 1등인 학생은 대체로 내신이 1등급 초반(1.00~1.30)의 성적을 보인다. 특목고/자사고의 경우 치열한 경쟁으로 전교 1등이라 할지라도 1등급 후반에 머물러 있어 상대적으로 일반고가 유리하다. 실제 지역균형제로 합격한 특목고/자사고의 사례가 거의 없다는 것도 이를 반증한다. 또한 재수생들은 수능 준비로 인해 3학년 2학기 성적 관리가 안 되어 있기 때문에 경쟁에 참여하기 어렵다.

내신 초고수들을 주목하는 명문 대학들이 있다

고려대 학교장 추천 전형을 노리자

고려대의 특징은 내신 및 자기소개서를 바탕으로 하는 학교장 추천 전형 비율이 매우 높다는 것이다. 각 학교에서는 문과에서 2명, 이과에서 2명을 추천할 수 있어서 총 4명까지 추천이 가능하다. 전교 1등에게 서울대 지역균형선발과 고려대 학교장 추천 전형을 몰아주는 학교도 있고 1등에게는 서울대를, 2~3등에게는 고려대를 추천하기도 한다. 2017년도부터는 재학생만 지원 가능하다.

선발 방법은 1단계에서 서류 100%로 '학생부(교과) 80%+학생부(비교과), 자기소개서, 학교장 추천서 등 종합평가 20%'로 선발한다. 2단계에서는 '1단계 성적 70%+면접 30%'로 선발한다. 고려대 학교장 추천 전형은 고교 교육과정의 다양한 전형 자료(학생부의 교과 성적, 학생부의 비교과 활동, 자기소개서, 추천서 등)를 반영하지만 각종 인증시험 점수, 경시대회 등 외부 수상 실적은 평가에 반영하지 않는다. 물론 수능최저학력기준도 적용되어 2개 영역 2등급 이상을 확보해야 한다.

연세대 교과 전형은 부담이 없다

연세대 학생부교과전형은 자기소개서, 추천서 등이 없어서 내신 초고수라면 수능을 준비하며 부담 없이 지원할 수 있는 장점이 있다. 1단계 통과자들의 치열한 경합이 예상되기 때문에 지원자의 비교과 내용이 지원하는 학과와 얼마나 잘 부합하는지가 중요하다. 연세대는 과거부터 내신 분석에서 Z점수로 표준화된 방식을 사용하여 선발해왔다. 지원 자격이 재학생에 한정되어 있다는 것도 재학생들에게는 장점이다.

선발 방법은 1단계에서 학교생활기록부의 교과 성적으로 정원의 3배수를 선발한 후, 2단계에서는 1단계 교과 성적 70%와 비교과 성적 30%를 합산해 최종 합격자를 가린다. 수능최저요건은 인문계열은 3개 영역 합 6등급, 자연계열은 2개 영역 합 4등급, 의예/치예과는 4개 영역 중 3개 1등급이다.

학교장 추천 전형에 주목하라

수시모집에서 학교장 추천 전형으로 지원할 수 있는 전형은 다른 전형에 비해 경쟁률이 낮아 합격 가능성이 높다. 학교장의 추천이 있어야 지원할 수 있는 학교장 추천전형은 각 학교별로 추천 인원이 정해져 있기 때문에 우선 학교 내 경쟁에서 우위를 점해야 한다.

학교 자체 규정에 따라 학교마다 어떤 학생을 추천할지 정하므로 선발 기준을 미리 알고 있어야 한다. 학교마다 최우수 학생들 간의 경쟁이기 때문에 내신 이외 비교과 활동이나 면접능력까지 고려해 결정하는 학교도 있다.

물론 학교장 추천전형에서 가장 중요한 것은 내신이다. 그리고 대부분 수능 최저학력기준을 적용하고 있기 때문에 수능 경쟁력까지 확보해야 한다.

■ 주요 대학 추천전형 예시

학교	전형 명칭	전형 요소	학교별 추천인원	수능 최저
서울대	지역균형	1단계(서류) 2단계(서류+면접)	2명	3개 영역 2등급 이내
고려대	학교장 추천	1단계(서류 100%) 2단계(1단계 70%+면접 30%)	4명	2개 영역 2등급 이내
서울교대	학교장 추천	1단계(교과 80%+비교과 20%) 2단계(1단계 70%+면접 30%)	3명	4개 영역 합 8등급 이내
이대	고교 추천전형	1단계(교과 80%+서류 20%) 2단계(1단계 80%+면접 20%)	6명	없음
시립대	논술전형	논술 100% (학교장추천자만 논술전형 지원 가능)	3학년 재학 생 수의 2%	2개 영역 합 4등급 이내
경희대	지역균형	교과 70%+서류 30%	2명	없음
포항공대	일반전형	1단계(서류 100%) 2단계(면접 100%)		없음
카이스트	학교장 추천	1단계(서류 100%) 2단계(서류 70%+면접 30%)	2명	없음

※ 2016학년도 기준

일반고에서 수시 전략은 선택이 아닌 필수이다

내신을 깔고 가는 수시를 노려라

특목고나 재수생들에 비해 유리한 수시를 최대한 활용하라. 내신을 바탕으로 하는 전형이나 학교장의 추천을 받아서 원서를 제출하는 전형은 특목고나 재수생들에게는 기회가 거의 없다. 재학생 위주로 지원 자격이 부여되는 것이 일반적이다.

재수생들 중에 내신을 토대로 수시를 지원하는 사람은 없다. 재수생들이 내신을 바탕으로 한 수시전략을 세울 수 없는 이유는 3학년 2학기 내신 때문이다. 고3 2학기에는 수능에 올인해야 하기 때문에 중간고사나 기말고사 성적을 관리할 수가 없다. 그런데 재수생들은 3학년 2학기 성적까지 포함하기 때문에 전체 내신은 상대적으로 떨어질 수밖에 없다.

최고의 스펙은 내신 상승곡선이다. 학생부교과전형은 내신을 가지고 뽑는 전형이다. 높은 내신과 최저학력기준요건을 맞추면 거의 성공한다. 따라서 고등학교 스펙 중 가장 중요한 것은 내신이라 할 수 있다. 특히 학생부종합전형에서도 내신의 비중이 상당히 중요한데 이때 주목하는 것이 내신 상승곡선이다. 학년이 올라가면서 어떠한 노력을 통해 성적 향상을 이루어 냈는지가 심사의 핵심 포인트이기 때문이다.

수시 전략은 고1부터 준비해야 한다

수시 준비는 단시간에 이루어지지 않는다. 수시 실패의 가장 큰 이유는 미리 준비하지 못하기 때문이다. 정시는 오히려 집중력과 목표의식을 가지면 단시간 내에 성과를 거두기도 한다. 하지만 수시는 1년 정도 바짝 준비해서 성과를 거두기 힘들다. 물론 학년이 올라갈수록 더욱 힘들어진다.

고1 때 수시를 준비하면 정시에도 도움이 된다. 수시는 일찍 준비할수록 유리하다. 대학에서 공부할 자신의 전공을 고민하면서 그에 맞는 동아리 활동이나 각종 활동들을 계획하는 것은 어렵지 않다. 또한 논술이나 구술은 비판적·통합적 사고를 요구하는데 이런 능력은 수능 직전에 준비한다고 해서 생기지 않는다.

일반고가 특목고, 자사고에 비해 수시 준비가 유리한 측면이 있다. 특목고나 자사고는 일반고에 비해 수시 준비에 대한 지원 체계나 시스템이 상대적으로 잘되어 있다. 하지만 수시 준비의 경쟁도 치열하여 입시에 유리한 동아리나 방과후 활동, 직업 체험 등의 활동에서 선택의 제약이 있을 수 있다. 하지만 일반고에서는 본인이 조금만 앞서 준비한다면 새로운 동아리 개설, R&E 준비 등에 적극적인 학생들이 적기 때문에 기회를 선점하거나 유리한 고지에 먼저 설 수 있다.

수시도 수능 성적이 뒷받침되어야 한다

수시와 정시는 반드시 함께 준비해야 한다. 수시와 정시 중 어느 쪽에 경쟁력을 더 가지고 있는가를 판단하여 그에 맞는 입시 전략을 짜는 것이 바람직하다. 수능의 경쟁력이 보장되면 다양한 선택이 가능하다. 반대로 수능의 경쟁력이 보장되지 못하면 수시가 아무리 대세라도 명문대 진학은 힘들다. 최소한 각 대학의 수능최저학력기준을 맞출 수 있는 정도는 되어야 한다.

일반고에서 수시가 선택이 아닌 필수라는 것은 대세이다. 하지만 수시전형 자체에만 올인하거나 수능성적을 반영하지 않은 수시 전략만을 고집하는 것은 매우 위험하다.

특히 학생부종합전형과 논술전형은 결과의 불확실성에도 불구하고 비교과 활동이나 논술 준비에 지나치게 시간과 노력을 쏟는다. 그렇게 되면 학습 패턴이 망가지고, 수능 성적까지 영향을 끼쳐 정시마저도 실패하는 최악의 결과로 이어질 수 있다. 수시는 확실한 목표를 바탕으로 체계적으로 준비해야 성과를 발휘할 수 있다. 또한 수능 성적의 뒷받침이 있어야 안정적으로 힘을 발휘할 수 있다.

03
내신과 수능을
연계하라

내신과 수능, 두 마리 토끼를 잡아라

내신을 수능의 토대로 삼아라

내신을 수능을 위한 심화학습의 계기로 삼아야 한다. 학교 수업과 내신의 성실한 준비는 수능에서 큰 힘이 된다. 항상 내신 준비를 하며 수능을 깊이 있게 준비한다고 생각하자. 각 학교가 부교재로 EBS교재를 채택하고 모의고사를 중간·기말시험에 포함하는 것처럼 내신과 수능 준비를 따로 떼어놓고 생각해서는 안 된다.

일반고에서는 내신만큼은 챙겨 놓아야 한다. 대학 입시 전략에서 출발점은 내신이다. 일반고의 가장 강점인 내신은 확실히 챙겨야 한다. 일반고 학생의 수시 전략은 내신을 바탕으로 해야 한다. 내신에서 흔들리면 답이 없다.

모든 학습은 학교 수업을 중심으로 해야 한다. 우수한 내신도 결국 수업 시간에 나온다. 학교 수업을 완벽하게 이해할 수 있도록 수업시간에 집중해서 내신을 관리하라. 학교 시험은 수업시간에 가르친 내용과 범위 내에서 출제된다. 특히 수행평가의 비중이 높아지고 있다. 적극적인 수업 참여는 당연히 수행평가 점수에도 도움이 된다.

내신으로만 대학 가겠다는 전략은 실패한다

일단 서울권 대학은 내신으로만 뽑는 인원이 거의 없다. 자칫 실패하면 대책이 없다. 결국 자신의 점수나 실력보다 2~3단계 하향 지원해야 한다. 특히 학생부교과전형도 내신만으로 갈 수 있는 것이 아니라 대부분 수능최저학력기준이 적용되기 때문에 수능 준비를 함께 해야 한다. 좋은 내신은 수시전형에서 가장 중요한 요소이지만 단지 내신만으로는 합격이 보장되지 않는다. 학년이 올라갈수록 수능 준비의 어려움 때문에 내신으로만 대학을 준비하려는 학생이 늘어나고 있다. 하지만 내신으로만 대학을 가겠다는 전략은 대개 실패로 귀결된다.

내신이 우수하면 수시에서 선택의 범위가 넓다

학생부교과전형은 안전성이 있다. 수시전형 중에서 합격 가능성을 가장 정확하게 예측할 수 있는 것이 학생부교과전형이다. 높은 내신과 수능최저학력기준을 맞추면 상위권 대학 진학도 가능하다. 문과 1.5 이내, 이과 1.7의 내신이면 교과전형도 적극 고려해볼 만하다. 학생부종합전형에서도 가장 비중 있는 스펙은 내신이다. 특히 내신의 꾸준한 상승은 입학사정관으로부터 높은 평가를 받는다.

지방 국립대를 비롯한 대부분의 지방대는 학생부교과전형이 대세이다. 서울 중상위권 대학을 내신 중심의 학생부교과전형으로 공략하는 것은 쉽지 않지만 지방의 국립대를 비롯한 대부분의 지방대는 학생부교과전형의 비중이 상당히 높다.

04

특목고, 기숙학원을 벤치마킹해라

몰입환경을 만들어라

몰입환경을 자기주도적으로 만들어야 한다. 특목고나 기숙학원 등은 공부할 수 있는 환경이 조성되어 있다. 긴장감, 경쟁심, 우수한 교육 환경 등이 자연스럽게 형성되어 있다. 이러한 환경 속에서 어렵지 않게 면학 분위기에 동화될 수 있다. 일반고에서의 교육 환경은 확실히 다르다. 스스로 몰입환경을 만들고 몰입능력을 키워야 한다.

동기를 부여하고 만족감을 느끼도록 한다. 자신이 해야 할 일에 능동적으로 몰입하면 즐거움이 따른다는 것을 경험한다면 삶에 커다란 변화가 일어날 수 있다.

풀리지 않는 문제를 포기하지 않고 끝까지 생각하며 스스로 해결하려는 자세가 필요하다. 공부 중에 이해되지 않거나 풀리지 않은 내용을 꼼꼼히 생각하는 시간을 가지려고 노력하면 생각하는 힘이 생기고 놀라운 결과를 얻을 수 있다.

새는 시간을 관리하라

시간 관리가 우선이다. 대학 입시 수험생들에게 똑같은 시간이 부여된 것 같지만 실상 그렇지가 않다. 일단 기숙사 학교를 선택한 학생과 그렇지 않은 학생은 하루 2시간 이상 가용시간이 차이 난다. 같은 일반고 학생이라도 개별적으로 시간 활용 방법이 다르다.

낭비되는 시간을 명상으로 바꾸고 시간 관리를 방해하는 요소들을 제거한다. 스마트폰, 온라인 게임, 인터넷, TV 등으로 자신이 해야 할 일에 어느 정도 시간을 빼앗기고 있는가를 체크한다. 하루 시작이나 공부 시작 전에 '오늘 하루를 어떻게 보낼까?', '어떤 계획과 마음을 가지고 할까?'에 대해 5~10분 정도 생각해보자.

자투리 시간을 활용한다. 일반고 학생들은 특목고나 기숙학원 학생들보다 시간이 절대적으로 부족하다. 이를 극복할 수 있는 방법은 자투리 시간을 효율적으로 활용하는 것이다. 자투리 시간에 더 집중이 잘되는 과목들이 있다.

시스템으로 극복하라

아이의 마음가짐이 가장 중요하지만 아이 혼자의 노력만으로는 한계가
있다. 이는 시스템으로 극복해야 한다. 가장 쉬운 방법은 학교의 지원을 받
는 것이다. 특목고나 자사고는 우수한 지원 시스템을 갖추고 대학 입시 맞
춤체계로 지원을 한다. 일반고에서의 최상위권 학생들은 학교차원의 특별
관리와 지원을 하기 때문에 오히려 유리할 수 있다. 즉 일반고에서 우수한
학생은 특목고나 자사고에 비해 동아리나 학술활동, 학생회 활동 등에서 상
대적으로 두각을 나타낼 수 있다. 스펙을 쌓기에 유리한 측면을 최대한 활
용할 수 있다.

그다음 방법은 우수한 스터디 그룹을 만드는 것이다. 일반고의 우수한
학생들 그룹은 특목고나 재수생 못지않은 실력과 열정을 가지고 있다. 서로
경쟁도 하고 협력도 할 수 있는 우수한 스터디 그룹을 만들어 구성원 모두
의 수준을 높여야 한다.

특목고생과 재수생을 경쟁자로 여겨라

강력한 경쟁자는 눈앞에 보이지 않는다. 보통 수능 성적은 고3의 3월 모
의고사 성적을 넘을 수 없다는 이야기를 많이 한다. 실제로 많은 통계들이
신빙성을 더한다. 설상가상으로 3월 모의고사에는 최고의 경쟁자라 할 수
있는 재수생은 포함되어 있지 않다. 해마다 10만 이상의 재수생이 있고 그

들은 재학생들의 명문대 진학에 가장 큰 경쟁자가 된다.

재학생들은 내신 준비, 학교행사, 수행평가, 논술, 수능 등 모든 것을 준비하지만, 재수생들은 목표를 단순화하고 논술과 수능 2가지 혹은 수능 1가지에 올인한다.

재수생이 강세인 이유가 있다. 재수생들은 모든 과정을 거쳐보았다는 점에서 유리하다. 또한 수능을 경험해보아서 실패 요인을 안다. 그래서 불필요하게 낭비되는 시간 없이 안정적으로 계획을 세우고 수능에 매진한다.

CHAPTER 06

중학생 때
세우는
대학 입시 전략

01 문과/이과 선택은 빠르고 정확하게 해야 한다

이과생 2/3는 전과를 고려한다

2018년에 고교에 입학하는 2014년 기준 초등학교 6학년 학생들부터 문이과통합 교육과정이 시작된다. 현재는 고1 2학기가 되면 인문계 고등학교에서는 문과, 이과를 나누게 된다. 문·이과 선택은 고교 3년간의 학습 방향과 입시 결과에 중대한 영향을 미치므로 신중하게 선택해야 한다. 최근들어 이과는 취업이 쉽고 문과는 상대적으로 취업이 어렵다는 인식이 퍼지면서 이과를 지망하는 학생이 늘었다. 학생의 적성, 현재 실력과 대입 전략을 고려하지 않은 선택은 큰 낭패를 불러올 수 있다. 문·이과 선택에서 가장 큰 문제는 역시 수학 과목에 대한 적응 여부이다.

보통 고2의 문이과 비율은 6 : 4 정도인데 수능 수학의 A, B형 응시비율은

시행일시	학년	수학A형(문과)	수학B형(이과)
2014년 3월	고3	312,615	188,507
2014년 10월	고3	343,269	111,007

7 : 3 이상으로 A형으로 많이 쏠린다. 만일 이 학생들이 처음부터 이과를 선택하지 않고 문과를 선택했더라면 어땠을까?

위의 〈표〉는 고3 3월과 10월 모의고사 수학 A형(문과) 수학 B형(이과)의 응시자 수 변화를 나타낸 것이다. 이과생의 경우 3월 응시생이 18만 8,507명이었으나 10월 응시생은 11만 1,007명으로 크게 감소한 것을 알 수 있다. 이러한 전과 현상은 사실 고2 2학기부터 나타나기 시작하여 3학년 때는 그 수가 급격하게 늘어난다. 수학 공부에 많은 시간과 노력을 기울였음에도 불구하고 문과 수학을 응시해야 하는 상황이 발생하는 것이다. 이 선택으로 입시에서 선택의 폭이 줄어들거나 가산점 등에서 불이익을 받을 수 있다.

문과/이과 선택은 중학생 때 해라

잘못된 문과/이과 선택은 시간과 노력의 낭비를 부른다

잘못된 문·이과 선택은 대학 진학의 실패로 귀결된다고 할 만큼 중요하다. 전과는 오랫동안 준비해왔던 것들을 포기하고 새로운 것을 준비해야 해서 2배 이상의 노력이 필요하다. 더군다나 전과를 하느냐 마느냐로 수없이 고민하기 때문에 수업이나 입시 준비에서 집중력이 현격히 떨어질 수밖에 없다. 문제는 이러한 방황을 하는 학생이 생각보다 많다는 것이다.

빠른 선택은 경쟁자들보다 앞서게 한다

문·이과 계열 선택에 따라 고1 때부터 학습 계획, 수시 비교과 준비 등의 전략을 수립해야 한다. 앞선 선택을 한 사람은 목표가 확고하기 때문에 모든 준비에 탄력이 붙는다. 특목고 학생들의 계열 선택이 일반고 학생들보다 일찍 결정되는 것도 대학 진학 결과가 좋게 나오는 중요한 요인이라 할 수 있다. 문·이과 결정이 빠를수록 남들보다 앞설 수 있다는 것을 명심하고 중학교 때부터 미리 준비하는 것이 좋다.

적성과 진로를 우선적으로 고려하라

계열 선택은 가고자 하는 학과나 적성, 진로와 밀접하게 관련되어 있다. 더 나아가 인생의 방향을 결정하는 데 중요한 사항일 수 있다. 문제는 진로에 대해 고민해보지 않았을 때 발생한다. 이때는 자신을 잘 알고 있고 직접 지도 해본 담임교사, 진로교사, 학원 강사, 전문가 등에게 조언을 구하는 것이 좋다.

흥미가 있고 잘하는 과목도 주요한 판단기준이다

문·이과 선택에서 가장 쉽게 판단하는 기준은 '수학'이다. 이과 진학을 위해서는 수학을 전략과목으로 삼을 수 있어야 한다. 수학을 포기하는 이과생은 갈 대학이 없고, 수학까지 잘하는 문과생은 못 갈 대학이 없다. 수학 성적이 뛰어난 학생은 선택의 폭이 넓다. 물론 국어, 영어, 과학 등 다른 과목의 흥미도 중요한 판단기준이다.

02

내신 관리 요령은 선택과 집중에 있다

내신 관리는 선택과 집중이 핵심이다

고등학교 3학년이 될 때까지 대학 입시에서 어떤 과목이 내신에 반영되고 어떤 과목이 반영되지 않는지조차 모르는 학생이 의외로 많다. 전학년, 전과목 성적이 최고이면 더할 나위 없겠지만 단 몇 점 차이로도 등급이 나뉘는 상황에서 내신 관리는 선택과 집중이 필요하다.

수시와 정시의 학생부 교과 반영 방법이 다르다

본인이 목표로 하는 학교가 교과(내신)를 어떻게 반영하는지 알면 내신 관리가 그만큼 수월해진다. 같은 학교라도 수시와 정시의 반영방법이 다르므로 유의해야 한다.

학년별 내신 관리 요령을 알아야 한다

고1때는 문·이과 구별 없이 전 과목에 집중하고 고2부터는 특히 전략과목을 선택하여 그 과목만큼은 최고의 성적을 받는것도 하나의 전략이다. 예를 들어 문과의 경우는 국어 과목이나 사회 과목에 상대적으로 많은 노력을 기울여야 한다.

■ **수시모집과 정시모집 학생부 반영 교과 비교**

대학명	전형 명칭	수시모집	정시모집
서울대	지역균형 선발	전교과 반영	반영 하지 않음
연세대	학교생활 우수자	전교과 반영	총 12과목 반영 (국어, 영어, 수학, 사회(인문)/과학(자연)관련 과목 중 각각 상위 3과목)
고려대	학교장 추천	전교과 반영	총 12과목 반영 (국어, 영어, 수학, 사회(인문)/과학(자연)관련 과목 중 각각 상위 3과목)
서강대	학교생활 우수자	인문계: 국어, 수학, 영어, 사회 전과목 자연계: 국어, 수학, 영어, 과학 전과목	총 8과목 반영 (국어, 영어, 수학, 사회/과학 (계열 구분 없이 우수한 교과) 교과 영역별 상위 2과목)
성균관대	성균인재	인문계: 국어, 수학, 영어, 사회 전과목 자연계: 국어, 수학, 영어, 과학 전과목	총 12과목 반영 (이수한 모든 교과의 전 과목 중 학년별로 상위 4개 과목)
한양대	학업 우수자	인문계: 국어, 수학, 영어, 사회 전과목 자연계: 국어, 수학, 영어, 과학 전과목	총 12과목 반영 (국어, 영어, 수학, 사회(인문)/과학(자연) 교과 영역별 상위 3과목)

주) 2016학년도 기준

1학년부터 국·영·수, 국·영·수·탐, 전과목 등의 과목별 등급을 파악하면 내신 관리 요령이나 능력을 높일 수 있다.

〈표〉 수시모집과 정시모집 학생부 교과 반영 방법을 비교해보자. 수시에서 서울대, 연세대, 고려대는 전교과를 반영한다. 이외의 대학은 수시에서도 주요 교과만 반영한다. 반면에 정시에서는 서울대를 제외한 대부분의 대학에서는 주요 교과의 일부 과목만 반영한다.

내신 공부와 수능 공부는 별개가 아니다

내신과 수능 동시에 뛰어넘기

수능에 포함되는 내신과목은 수능 준비를 위한 심화학습이라고 생각하자. 그 범위만큼은 수능 전까지 다시 볼 필요가 없을 정도로 꼼꼼하게 준비하는 것이다. 그러면 수능 때문에 내신을 잘 볼 수 있고 내신을 제대로 준비한 덕에 수능공부까지 할 수 있다. 간혹 수능과 내신이 완전 별개라고 생각하는 학생이 있는데 매우 잘못된 생각이다. 물론 성격이 많이 다른 시험이긴 하지만 똑같은 내용이다. 내신과 수능의 상관관계만 잘 활용해도 공부를 효율적으로 할 수 있다.

대부분의 학교가 학교 시험 자체를 수능 스타일로 출제한다

요즘은 대부분의 학교에서 주교재로 EBS 교재를 사용한다. 즉 학교 수업과 시험 자체가 수능 준비인 셈이다. 더군다나 시험 유형까지도 수능 스타일로 출제하고 있기 때문에 학교 시험과 수능 준비를 별개로 생각하면 안된다. 학교 내신이 우수한 학생이 수능 준비도 체계적으로 준비하는 것이라고 생각해야 한다.

내신 반영의 허와 실

수시에서 내신은 입시 성공의 기본 토대이다. 높은 내신은 어느 정도의 수능성적이 뒷받침되면 그 자체로도 학생부교과전형, 추천전형 등으로 상위권 대학의 합격이 가능하다. 또한 학생부종합전형이나 논술전형 등에도 크게 기여할 수 있다. 하지만 정시에서는 내신등급 간 점수차가 적은 경우가 많다.

■ 주요 대학 정시모집 학생부 교과 등급별 점수 차이

대학명	1등급	2등급	3등급	4등급	5등급	6등급	7등급	8등급	9등급	차이 (1-5등급)
건국대	100	99.9	99.7	99.5	99.3	99.1	96.6	93.6	90	0.7점
경희대	300	299	298	293	287	273	253	220	180	13점
국민대	100	99.94	99.88	99.82	99.75	95	88.5	80	70	0.25점
동국대	100	99.5	99	98.5	98	97	90	80	68	2점
서강대	200	200	199.95	199.9	199.85	199.75	199.5	198	180	0.15점
성균관대	280	280	280	279.9	279.9	279.8	279.6	279	270	0.1점
연세대	100	99.75	99.5	99.25	99	98	96	93	88	1점
이화여대	100	99	97	94	90	85	75	50	5	5점
중앙대	240	239.56	239.12	238.68	238.24	237.74	202.74	152.74	102.74	1.76점
한국외대	180	179.5	178.5	177	175	173	170	160	140	5점
한양대	240	239.58	239.16	238.74	238.22	237.48	229.52	221.55	213.59	1.78점

주) 2016학년도 기준

〈표〉에서 보는 바와 같이 학생부 교과 등급별 반영 점수 차이가 1등급과 5등급 간에도 매우 근소하다는 것을 알 수 있다. 겉으로 제시되는 내신 반영 비율과 실제 내신 반영률의 차이는 매우 크다.

03

수능최저학력기준을 알면 대학 입시가 쉽다

수능최저학력기준의 의미

수능최저학력기준이란 각 대학이 일정한 학력 수준 이상이 되어야 한다고 설정한 수학능력시험 등급 기준을 말한다. 학생부 교과, 학생부 종합, 논술 등의 수시 선발과정에서 수능 특정 영역의 일정한 등급 이상을 요구하는 것이다.

수능최저학력기준은 말 그대로 기준일 뿐이어서 높은 점수로 통과했다고 해서 별도의 가산점이 주어지는 것은 아니다. 대체로 상위권 대학으로 갈수록 수능최저학력기준이 높기 때문에 모의고사 성적을 토대로 학습 계획이나 수시 전략을 수립하는 데 가장 기본이 되는 요소이다.

대학교	전형	계열	최저 학력
건국대학교	KU교과우수자	전 모집단위	2개 영역 합 5등급 이내
고려대학교	일반	인문계	3개 영역 이상 2등급 이내
		자연계	2개 영역 이상 2등급 이내
국민대학교	교과 성적우수자 (Ⅱ)	인문	2개 영역 등급 합 5 이내
		자연	2개 영역 등급 합 6 이내
단국대학교	학생부교과 우수자	인문사회계	1개 영역 2등급 이내
		자연계	1개 영역 3등급 이내
동국대학교	논술우수자	인문	2개 영역 등급 합 4 이내
		자연	2개 영역 등급 합 5 이내
서강대학교	학생부교과	인문사회계열	3개 영역 이상 각 2등급 이내
		자연계열	2개 영역 이상 각 2등급 이내
서울대학교	지역균형선발	전 모집단위	3개 영역 각 2등급 이상
성균관대학교	성균인재	전 모집단위	1개 영역 1등급
	논술우수	인문계	3개 영역 합 6 이내
		자연계	3개 영역 합 6 이내
세종대학교	논술우수자	전 모집단위	2개 영역 등급 합이 6 이내
연세대학교	학생부교과	인문	2개 영역 등급 합이 4 이내
		자연	2개 영역 등급 합이 5 이내
이화여자대학교	일반전형	인문사회계	3개 영역 각 2등급 이내
		자연계	2개 영역 각 2등급 이내
중앙대학교	학생부교과전형	인문	3개 영역 등급 합 6 이내
		자연	2개 영역 2등급 이내
한국외국어대학교	학생부교과[일반]	전 모집단위	2개 영역 등급 합 4 이내
홍익대학교	학생부	공학계열	2개 영역 평균 2등급 이내
		인문계열	2개 영역 평균 2등급 이내이면서 전 영역 3등급 이내

주) 2016학년도 기준

수능최저학력기준을 적용하지 않는
전형도 있다

수능성적에 도저히 자신이 없다면 고려해볼 만한 전형이다. 하지만 그만큼 경쟁률도 높고 교과(내신), 스펙 등 다른 전형 요소가 뛰어나야 한다.

■ **수능 최저 학력 기준을 적용하지 않는 전형 예시**

대학	전형	모집인원
건국대	KU자기추천 전형	608
경희대	네오르네상스 전형	900
동국대	두드림 전형	309
서강대	학생부종합(자기주도전형)	290
성균관대	성균 인재 전형	598
연세대	특기자 전형	434 + 240
중앙대	다빈치 전형	509
한양대	학생부 종합	915

주) 2016학년도 기준

수능최저학력기준을 고려하여
지원 계획을 세워라

학습 계획이나 수시모집 지원 계획을 세울 때 수능최저학력기준을 알고 있으면 매우 유리하다. 우선 모의고사 성적을 토대로 수능 학습 계획을 효율적으로 세울 수 있다. 자신의 특성을 고려하여 전략 과목을 수정하거나 과목별 학습 계획을 조정하기도 한다. 예를 들어 어떠한 전형에서 수능최저

기준이 3개 영역 각각 2등급 이상이라고 했을 때 자신의 평소 실력이 2개 영역에서 1등급씩 받고 2개 영역은 3등급 정도라면 이 학생은 다른 요소에서 아무리 뛰어나도 불합격이 된다. 이 경우 학습 전략을 바꾸어 3등급 받는 과목에 좀 더 집중하거나 아예 3개 영역 합이 5등급인 전형으로 바꾸는 것이 더 효과적일 수 있다. 수시모집과 수능 준비는 평소 자신의 모의고사 성적을 기준으로 목표대학 수능최저학력기준의 과목별 학습 방법과 비중 등을 조정하며 학습전략을 세워야 한다.

04 수능과 내신 어디에 포커스를 맞출 것인가?

중심은 항상 수능에 둔다

수능에 매진하면 선택이 쉽다

수능이 강하면 대학 입시 준비가 안정적이다. 설사 내신이 부족하더라도 남들이 지원을 꺼려하는 수능최저학력기준이 높은 대학에 지원한다면 높은 경쟁력을 확보할 수 있다. 다른 수시전형도 마찬가지이다. 또한 정시까지 내다볼 수 있어 안정적인 입시 준비가 가능하다.

수능을 토대로 자신에게 맞는 전략을 세워라

항상 수능에 중심을 두어야 한다. 학교 공부 역시 수능과 연계시키도록 한다. 수능 성적이 좋으면 수시 선택의 폭이 넓어진다. 정시에서도 수능의 비중이 절대적이기 때문에 수능 성적만으로 대학 진학이 가능하다.

'내신+다른 전형 요소' 전략이 필요하다

잘 준비된 내신은 대학 진학의 큰 버팀목이다

대학 입시에서 수시 비중이 점점 늘어나는 현실에서 내신은 아무리 강조해도 지나치지 않다. 대학이 전공능력과 잠재력이 뛰어난 학생들을 선발한다고 하지만 고교 전과정에 거쳐 착실하게 공부해온 학생을 우선적으로 선발하려 하기 때문이다. 내신은 모든 수시전형의 토대가 되며 정시에서 뒷심을 발휘하기도 한다.

내신만으로 대학 가기는 하늘의 별따기이다

내신은 다른 전형 요소, 예컨대 비교과, 논술, 수능 등과 결합되었을 때 큰 힘을 발휘한다. 그렇지만 오직 내신만으로 대학에 가려는 전략은 대부분 실패로 귀결된다. 충실한 학교 수업을 토대로 내신을 확보하고 전략에 맞는 다른 전형 요소를 결합하도록 하자.

수능과 내신 두 마리 토끼를 잡아야 승리한다

수시만을 고집하면 위험성이 크다

수시에 올인하는 학생이 많은데 실패했을 때는 대책이 없다. 정시에도 실패할 가능성이 높다. 그나마 내신이 중심인 학생부교과전형은 예측이라도 가능하다. 하지만 학생부종합전형이나 논술전형은 대학 측이 전형과정이나 근거를 제시하지 않기 때문에 부정이 개입할 가능성이 있어 매우 불안정하다.

수능 위주인 정시는 모집 인원이 적다

주요 대학의 정시 모집 인원은 30% 미만이다. 수시를 놓치면 모집 정원이 적음에도 더 강력한 경쟁자들과 겨루어야 하는 정시 모집에 매달릴 수밖에 없다. 외고, 자사고, 재수생 등은 주로 정시를 꾸준히 준비한다.

수능과 내신 모두 필수이다

수능만 준비한다거나 내신만 준비하는 것은 부분만 준비하는 꼴이며 실패로 귀결될 가능성이 크다. 수능과 내신 어느 하나도 소홀히 여길 수 없다. 학교 수업에 충실하고 내신 준비를 철저히 하는 것이 곧 최고의 수능 준비가 된다. 수능 고득점은 학교 공부나 비교과 활동에 집중할 수 있는 바탕이 된다. 즉 수능과 내신은 별도로 준비하는 것이 아니라 상호 보완적으로 함께 준비해 나가야 한다.

05

기본이 튼튼하면 변하는 대입제도에 영향을 받지 않는다

변하는 입시 제도의 흐름을 파악하라

우리나라 입시 제도는 수시로 변하기 때문에 학부모나 학생들은 어떻게 준비해야 할지 갈피를 잡지 못하는 경우가 많다. 하지만 큰 흐름을 파악하면 향후 제도가 바뀌더라도 혼란을 겪지 않는다.

학생부종합전형이 큰 흐름이다

1990년대 이후로 입시 제도는 수험생의 학습 부담을 덜어주는 방향으로 바뀌어 왔다. 물론 현실적으로 학습 부담은 절대 줄어들지 않았지만 쉬운 수능과 학생부종합전형의 등장으로 수능과 내신 중심이었던 기존 입시에 큰 변화가 온 것은 사실이다. 서울 소재 주요 대학들은 학생부종합전형으로 많은 학생들을 선발하고 있다는 사실을 알아야 한다. 즉 중학교부터 학생부 비교과 영역의 중요성을 인지해야 한다. 그리고 고등학교에 진학해서 학생부의 교과 성적과 더불어 비교과 영역까지 관리할 수 있는 능력을 길러야 한다.

쉬운 수능에 적응하라

이전에 비해 수능시험은 쉬워졌다. 사실 문제 자체가 쉬워졌다기보다는 오랜 시간 출제되다 보니 어느 정도 정형화되었다는 말이 맞을 것이다. 수능이 쉬워졌다는 얘기는 역으로 고득점을 받지 못하면 원하는 대학에 가기 어렵다는 말이다. 논술이나 학생부교과전형은 대부분 수능최저등급이 존재한다. 따라서 최저등급 이상을 안정적으로 유지할 수 있도록 수능시험 대비에 힘써야 한다.

복잡한 제도를 역이용하라

대학 입시가 자율화되면서 학교별로 입시 제도가 천차만별이다. 이는 학생이나 학부모의 혼란을 부추기는 원인이 되기도 하지만 때로는 기회일 수 있다. 예를 들어 연세대의 경우 다른 학교에 비해 특기자를 많이 선발하기 때문에 어학이나 수학, 과학 등의 실력에 자신 있다면 내신이나 수능이 부족하더라도 합격할 수 있다. 한양대는 수시전형에서 수능최저등급이 없기 때문에 수능 성적이 다소 부족한 학생에게 적합하다. 대단히 복잡해 보이지만 몇 가지 큰 틀을 잡고 이해하고 있으면 자신에게 적합한 입시 제도를 찾아 맞춤형으로 준비할 수 있다.

깊게 뿌리 내린 실력은 변하는 입시 제도에도 끄떡없다

교과 성적의 관리는 기본이다

아무리 비교과 영역의 비중이 높아졌다 하더라도 학교 성적만큼 그 학생의 '학교생활 충실도'를 나타내는 스펙은 없다. 높은 교과 성적은 일단 학생의 입시전형 선택의 폭을 넓힌다. 교과 성적이 낮으면 학생부교과전형 등에 지원할 수 없다. 반면 교과 성적이 높으면 특정 대학 특정 학과에 비슷한 수준의 학생이 몰려 있는 입시에서 합격 가능성이 높아진다.

수능 성적은 대학 합격의 가이드라인이다

높은 수능 성적은 학생부의 교과, 비교과 또는 논술 등의 준비가 부족한 학생들에게 일종의 보험과 같은 역할을 한다. 수시모집에서 혹시 실패했다 하더라도 정시모집에서 합격할 가능성이 높다. 과거만큼의 절대적 비중은 아니지만 수시든 정시든 수능 성적이 높은 학생이 명문대에 진학할 확률이 높다.

교과서 중심으로 체계적으로 공부하라

'전국 1등이나 만점자들의 흔한 거짓말' 정도로 치부되는 교과서 중심으로 공부했다는 말은 사실 진실에 가깝다. 어떤 수능문제도 어떤 논술문제도 결코 교과서 범위 밖에서 출제되지 않는다. 교과서를 소홀히 하고 높은 수준의 책을 수박겉핥기 식으로 공부한 학생은 실패를 맛보게 된다. 교육부,

평가원, 각 대학들이 모두 한결같이 교과서 중심으로 출제한다고 하면 그게 맞는 말인 것이다. 입시에 실패한 학생들의 문제는 교과서 이외의 책을 안 봐서가 아니라 교과서를 제대로 보지 않아서이다. 교과서에 서술된 것들의 논리 전개 흐름을 파악하고, 공식을 유도하고, 그림이나 도표를 이해하는 것이 모든 학습의 출발이 되어야 한다. 그것이 가장 완벽한 기초이기 때문 이다.

결국 기본이 충실한 사람이 승리한다

성공사례의 일부만 듣고 '무슨 활동을 하면 된다더라', '무슨 책을 꼭 봐야 한다더라' 따위의 소문에 부화뇌동해서 준비한 학생들은 성공할 가능성이 거의 없다. 체계적인 교과서 학습을 바탕으로 교과 성적 관리와 수능 준비 그리고 자신의 흥미와 적성을 고려한 대학 및 학과 선택, 최신의 입시뉴스 를 정확히 이해하고 큰 틀에서 볼 줄 아는 정보력 등은 모두가 알고 있는 기 본인 동시에 명문대에 합격하는 확실한 지름길이다. 기본 요소를 갖춘 학생 들이 비교과 활동을 하고, 특기자 준비를 할 때 명문대 합격은 보다 확실해 지는 것이다. 명문대에 수십 명씩 합격하는 특목고나 자사고 학생들을 자세 히 지켜보라. 그들은 누구보다 기본에 충실한 학생들이다.

06

중학 졸업 후 세우는 아이 맞춤 입시 전략

아이 특성에 적합한 전형은 무엇인가?

자신의 강점을 살리는 전형을 찾아야 한다

수능, 내신, 비교과, 논술 등의 전형 요소 중에 자신에게 유리한 전형 요소를 분석하고 어느 것에 집중할 것인지, 어떻게 조합할 것인지를 모색해야 한다.

예를 들어 내신이 모의고사 성적보다 높은 학생은 학생부교과전형을 준비하며 수능최저학력기준을 충족하기 위해 수능 준비에도 최선을 다해야 한다. 상대적으로 모의고사 성적이 높은 학생은 정시 위주로 공부하며 자신에게 맞는 학생부종합전형이나 논술전형을 함께 준비한다.

각각의 전형 요소들은 어떻게 준비할 것인가?

앞서도 강조한 바와 같이 수능, 내신, 비교과, 논술 등의 전형 요소 준비에서 가장 중요한 것은 준비 시점이다. 특히 비교과 준비는 저학년 때부터 체계적인 관리만 해주면 가능하다. 수능과 내신은 구체적으로 과목별, 학년별 전략을 수립해야 한다.

대학과 전공학과를 결정하라

저학년 때 목표 대학을 설정하면 동기부여가 된다

학교 선택이 먼저인가? 학과 선택이 먼저인가? 저학년 때는 목표 대학 설정이 우선이다. 목표 대학을 설정할 때 중요한 것은 너무 현실적이거나 낮추어 잡지 않는 것이다. 목표를 크게 하면 결과가 다르다. 가고 싶은 대학, 최선을 다하면 가능할 것 같은 대학으로 설정하자.

전공학과가 일찍 결정되면 유리하다

전공학과를 일찍 정하면 여러 가지로 유리하다. 특히 학생부종합전형에서 뚜렷한 목표가 생겨 일관성 있는 비교과 준비가 가능하다. 전공학과 선택을 하지 못했다면 유연한 생각을 가지는 것도 좋다. 요즘 대부분의 대학이 복수 전공, 이중 전공 등의 제도가 있고 전과도 가능하다.

모의고사 성적으로 전략을 점검하라

모의고사로 자신의 위치를 파악하라

과목별 등급, 표준점수, 백분위 등으로 자신의 위치와 수준을 먼저 확인한다. 모의고사 성적으로 자신의 위치를 파악할 때는 지금까지의 성적 중 낮은 것을 자신의 성적으로 생각해야 한다. 성적의 기복이 심한 과목의 경우는 더욱 그러하다.

입시 전략은 모의고사 성적으로 시작하라

입시 전략은 항상 모의고사를 중심에 두고 수립해야 한다. 평소 모의고사 성적을 토대로 온라인 상에서 모의 지원을 해보자. 동시에 지원하고자 하는 대학의 요강을 꼼꼼하게 챙긴다면 다른 학생들보다 경쟁력 있는 입시 전략을 수립할 수 있다.

과목별 전략을 수립하라

수시와 정시, 수능최저학력기준 등을 고려하여 과목별 전략을 수립한다. 전략 과목과 실제 시험에서 하락 가능성이 있는 과목, 꾸준하게 관리해야 할 과목 등을 세분화하여 계획을 세운다.

자녀의 내신을 분석하라

내신 변화 추이에 관심을 가져라

내신 곡선의 종류에는 항상 최고의 성적을 유지하는 형태(⎺SKY형), 꾸준히 상승하는 형태(╱상승형), 성적의 상승과 하락을 반복하는 형태(W형), 하락 후 상승하는 형태(V형), 상승 후 하락하는 형태(A형), 계속 하락하는 형태(╲하락형) 등이 있다. 자신이 어떤 내신 곡선을 가지고 있는지 파악해야 한다.

내신 상승 곡선을 만들어라

저학년 때 성적이 좀 낮더라도 학년이 올라가면서 성적이 상승하면 된다. 학년별 내신 반영 비율도 학년이 높을수록 비중이 크다. 또한 학생부종합전형에서는 내신의 상승곡선이 최고의 스펙이 될 수 있다.

V형 곡선은 스토리가 중요하다

학생부종합전형에서 내신이 하락 후 상승한 형태(V형)는 스토리가 중요하다. 왜 성적이 떨어졌는지, 어떠한 노력을 기울여 다시 성적의 상승을 가져왔는지 정리해둔다.

목표 대학을 수시로 체크하라

목표 대학의 모집요강을 주목하라

수능 과목별, 학년별 반영 비율과 가중치를 체크한다. 목표로 하는 대학의 수능이나 학생부 과목별, 학년별 반영 비율과 자신의 강약을 비교하여 전략을 수립한다. 똑같아 보이는 점수여도 어떤 학생은 합격을 하고, 다른 학생은 떨어지기도 한다. 대학에 따라서 반영 과목, 반영 방법, 비율, 가중치가 다르기 때문이다.

수능최저학력기준을 체크한다. 수시 전형 준비에서 수능최저학력기준은 매우 중요한 비중을 차지한다. 목표 대학의 전형별 수능최저학력기준을 알고 있어야 전략 수립이 가능하다.

수능과 학생부의 반영 비율과 실질 반영 비율을 파악하라. 대학이 발표하는 전형별 반영 비율과 실질 반영 비율에는 커다란 차이가 있다. 또한 학교마다 반영 방식이 다르고, 매년 바뀌기도 한다.

목표 대학의 입시요강을 완전히 이해한다. 각 대학의 신입생 선발에 대한 모든 것은 입시요강에 나와 있다. 수시가 유리한지, 정시가 유리한지 현재 내 점수와 비교과 활동 등에 가장 적합한 전형이 무엇인지 각 전형의 반영 방법은 구체적으로 어떤지, 혹시 특기자 전형, 고른 기회 전형, 사회 배려자 전형 등의 자격조건에 해당되지는 않는지 등 모든 입시 전략의 핵심은 입시요강에 다 들어 있다.

입시정보와 전략은 시험준비보다 더 중요할 수 있다. 입시정보와 전략 수립은 투자시간 대비 엄청난 효과가 있다. 공부의 방향을 잡아주고 중요한 결정을 하는 데 올바른 판단을 할 수 있도록 해주며 많은 시간을 절약할 수 있다.

입시정보에 일찍 눈을 뜨자. 고등학생들도 대학 진학에 대한 정보에 너무 무지하다. 이는 수능이 끝나고 대학을 진학한 후에야 비교적 정확하게 파악한다. 이는 게임이 끝나고 게임룰을 아는 것과 같은 이치이다. 중학교 때부터 대학 입시 정보를 보는 습관을 들여야 한다. 입시 용어를 이해하고 입시 준비 방향을 설정한 학생은 고등학교 생활이 확연히 달라진다.

각 대학의 입학처 사이트에 접속하라. 각 대학의 홈페이지나 한국대학교육협의회(대교협)가 운영하는 대학 입학 정보센터(http://univ.kcue.or.kr)에 접속하면 많은 정보 검색이 가능하다.

CHAPTER 07

중학생이
알아야 할
대학 입시 가이드

01 대입전형 이해하기

입시전형 구분과 선발 방식

입시에 대해 이야기할 때 꼭 나오는 말이 있다. "대입전형이 3000가지가 넘어서 너무 복잡하다."는 말이다. 이 말은 입시에 손을 들게 만드는 말이기도 하다. 큰 줄기만 보면 몇 개 안 되는데 작은 가지들을 붙잡고 있으니 중심을 못 잡는 것이다.

대입전형

대입전형은 크게 수시모집과 정시모집으로 나뉜다. 수시모집은 학생부교과전형, 학생부종합전형, 논술 위주 전형, 실기 위주 전형(특기, 실기, 실적 위주 포함), 기타(적성검사 등)로 나뉜다. 그리고 정시모집은 대부분 수능시험 위주의 전형이다.

각 전형 유형은 여러 평가 요소 중에서 가장 비중이 높은 요소의 명칭을 딴 것이지 그 평가 요소가 절대적인 건 아니다. 예를 들어 논술 위주 전형의 경우 논술만으로 선발하는 것이 아니라 대학별 논술고사의 반영 비율이 학생부 교과 성적 등 다른 요소의 반영 비율에 비해 가장 높다는 뜻이다. 따라서 대학에 지원할 때는 여러 요소의 반영 비율을 꼼꼼히 확인한 후에 자신에게 유리한 전형을 선택해야 한다.

■ **대입전형 유형에 따른 전형 요소**

구분	전형 유형	모집비율(%)		핵심 전형 요소
		전국	주요 대학	
수시	학생부 교과	38.4	6.5	교과 성적
	학생부 종합	18.5	32.0	비교과, 교과, 면접 등 (자기소개서, 추천서, 활용 가능)
	논술	4.2	19.3	논술 등
	실기 위주	4.7	7.4	실기 등 (특기 등 증빙 자료 활용 가능)
	기타	1.1	0.0	적성검사 등
정시	수능	28.8	29.8	수능 등
	학생부 교과	0.1	0.0	교과 성적
	학생부 종합	0.4	1.8	비교과, 교과, 면접 등 (자기소개서, 추천서, 활용 가능)
	실기 위주	3.9	3.2	실기 등 (특기 등 증빙 자료 활용 가능)

※ 주요 대학 : 서울 상위권 13개 대학(건국대, 경희대, 고려대, 동국대, 서강대, 서울대, 서울시립대, 성균관대, 연세대, 이화여대, 중앙대, 한국외대, 한양대)
※ 수시모집의 각 전형들은 수능최저등급이 있는 경우가 많으므로 각 전형별로 수능최저등급 설정 여부를 반드시 확인하고 지원해야 한다.

서울소재 주요 대학들은 수시에서는 학생부종합전형과 논술 비중이 높고 학생부교과전형의 비율이 낮다. 이는 상위권 대학들이 학교 내신을 신뢰하지 않고 별도의 선발기준을 마련하여 학생을 뽑으려는 경향을 잘 나타낸다. 특히 연세대, 고려대, 성균관대는 특기자의 비율도 상당히 높다.

■ **주요 대학의 전형별 모집 비율(%)**

대학	수시모집				정시모집	
	학생부 교과	학생부 종합	논술	특기/실기	수능	기타
건국대	5.3	31.3	14.8	1.0	38.8	8.7
경희대	0.0	34.8	17.5	6.6	29.0	12.0
고려대	15.5	15.5	27.2	15.1	26.7	0
동국대	13.6	20.7	17.1	4.0	44.5	0.0
서강대	0.0	34.4	23.2	7.7	34.7	0.0
서울대	0.0	76.4	0.0	0.0	23.1	0.5
서울시립대	0.0	29.5	10.0	0.0	57.0	3.5
성균관대	0.0	36.6	36.6	2.7	24.2	0.0
연세대	7.2	19.0	19.1	27.0	25.1	2.6
이화여대	11.8	18.5	17.1	11.0	23.4	18.2
중앙대	10.0	37.1	22.7	1.8	21.4	7.0
한국외대	9.2	21.2	26.8	5.8	36.1	0.9
한양대	10.7	36.8	16.1	7.5	25.1	3.7
평균	6.5	32.0	19.3	7.4	29.8	5.0

주) 2016학년도 기준

■ 주요 대학전형별 모집 비율

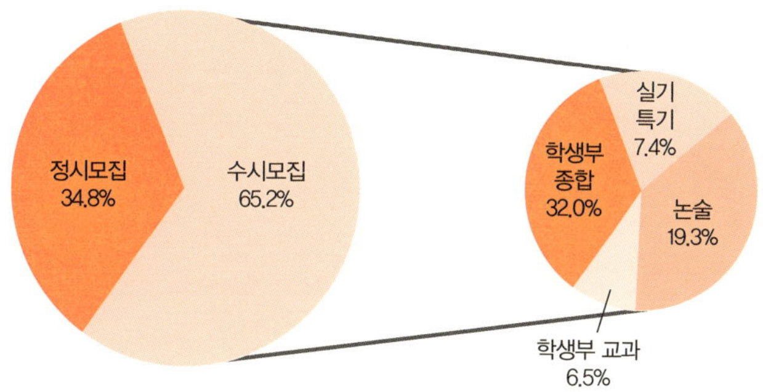

주) 2016학년도 기준

※ 서울 시내 상위권 13개 대학

■ 전형 방법에 따른 전형 요소의 중요도

모집 시기	전형 요소	전형 방법	서류		논술	자소서	면접	수능 (최저학력기준)
			교과	비교과				
수시 모집	학생부	교과 (6.5%)	★★★★★	☆		☆		★★★
		종합 (32.0%)	★★★★	★★★★		☆	★★★	★★
	논술(19.3%)		★★★		★★★★★			★★★
	실기(특기)(7.4%)						★★★	
정시 모집	수능(29.8%)		☆					★★★★★

아이에게 가장 유리한 입시전형 찾기

내신, 수능, 논술, 어학, 수리·과학, 실기, 특별한 소질이나 경쟁력 있는 분야 등의 전형 요소 중에 어떤 전형으로 준비하는 것이 가장 적합할 것인지 결정한다. 다음을 참고하자.

내신은 최강인데 수능이 자신 없는 경우

일단 수시를 적극 공략해야 한다. 실제로 내신이 문과 1.7, 이과 1.9 이내여야 인서울이 가능하다. 1.3 이내이거나 1.0에 가깝다면 최상위권 대학도 노려볼 수 있다. 학생부교과전형만 생각할 것이 아니라 추천전형, 학생부종합전형도 수능최저학력기준을 맞춘 경우 안정적으로 진학할 수 있다.

내신이 비교적 좋은 경우

내신이 2.0에 가까운 경우는 학생부종합전형을 적극 공략해야 한다. 특히 내신이 상승곡선의 형태일 때 유리하다. 비교과 비중이 크기 때문에 스펙 관리 등에 힘써야 한다.

논술이 강한 경우

논술 정원이 약간 줄긴 했어도 서울 상위권 대학의 경우 여전히 논술전형으로 뽑는 비중이 높다. 논술전형에 자신 있는 경우, 고1 때부터 체계적으로 준비한다. 특히 수리·과학 논술의 경우 최저학력기준이 없는 경우도 많아 심화학습이 되면 자연스럽게 준비 가능하다. 이는 최상위권 대학 진학의 유력한 방도이다. 내신과 수능최저를 고려해 목표대학을 정하고 해당 대학 논술유형에 맞게 준비하는 것이 중요하다. 일반적으로 N수생(반수생이나 재수, 삼수 이상)은 논술과 수능 2가지 준비를 한다.

비교과가 강한 경우

수시의 학생부종합전형이나 특기자전형을 준비한다. 자신의 비교과 능력을 객관적으로 검증하는 것도 필요하다. 비교과에 올인하는 것은 가장 위험할 수 있다. 가장 예측 불허의 결과가 나오는 영역이다. 고1부터 체계적인 관리를 통해 비교과를 장기적으로 준비하는 것이 최선의 방식이다.

수능이 내신, 비교과, 논술 등 다른 영역보다 좋은 경우

정시를 적극 공략한다. 수시는 내신, 비교과, 논술 등에서 자신에게 유리한 영역을 골라 가볍게 지원하고 수능 준비에 최선을 다한다. 수시 준비로 많은 에너지를 쓰는 다른 사람들보다 집중력이 높아 수능에서 상대적으로 유리할 수 있다. 다만 정시 인원이 많지 않은 점과 강력한 경쟁자인 특목고나 N수생들과의 경쟁을 각오해야 한다.

02 수능 중심(정시)으로 대학 가기

수능 위주 정시모집의 이해

정시모집이란

정시모집은 수시모집의 합격자 발표가 끝난 12월 중순부터 지원자를 모집하는 전형을 말하고 거의 대부분 대학수학능력시험 위주의 전형을 실시한다. 정시모집은 각 대학별로 정해 놓은 군(가, 나, 다)별로 각각 1개의 대학만 지원이 가능하며 수시모집에서 1개 대학 이상 합격한 학생은 정시모집 지원이 불가능하다. 정시모집임에도 학생부종합전형이나 실기 위주 전형이 소수 있지만 여기서는 수능 위주의 전형만을 다루기로 한다.

정시모집의 구조

정시모집 수능 위주 전형은 전국 대학이나 주요 13개 대학이나 비슷하게 대략 30%가량을 선발한다. 대다수의 대학에서 수능 비중은 절대적이다. 하지만 실제 입시에서 경쟁자들은 수능성적이 비슷한 경우가 많으므로 표준점수, 수능 영역별 가중치, 내신 반영 비율 등을 반드시 고려해야 한다. 또한 가나다 각 군별로 분할모집하는 대학인 경우 군별 수능, 내신 반영 비율의 차이를 비교하여 지원 전략을 세워야 한다.

■ **정시모집 수능위주 전형 선발 인원 및 비율**

구분	총모집인원(명)	선발인원(명)	비율(%)
전국	365,309	105,304	28.8%
주요 대학	41,841	12,458	29.8%

※ 주요 대학 : 서울 상위권 13개 대학(건국대, 경희대, 고려대, 동국대, 서강대, 서울대, 서울시립대, 성균관대, 연세대, 이화여대, 중앙대, 한국외대, 한양대)

주)2016학년도 기준

■ **정시모집 군별 대학 현황**

구분	대학명
가 군	서울대, 서강대, 이화여대 등 24개교
나 군	고려대, 연세대, 서울교대 등 22개교
다 군	건국대(글로컬), 차의과학대 등 20개교
가/나 군	경희대, 동국대, 서울시립대, 성균관대, 한국외대, 한양대 등 40개교
가/다 군	한국해양대 등 23개교
나/다 군	홍익대 등 27개교
가/나/다 군	건국대, 중앙대 등 51개교

주)2016학년도 기준

대학	전형명	모집정원		반영 비율(%)	
				학생부	수능
건국대학교	KU일반전형	가	498	10	90
		나	663	10	90
		다	107	10	90
경희대학교	일반전형	가	775	0	100
		나	774	0	100
고려대학교	일반전형	나	1031	10	90
동국대학교	일반전형	가	610	0	100
		나	626	0	100
서강대학교	일반전형	가	501	10	90
서울대학교	일반전형	가	766	0	100
서울시립대학교	일반전형	가	868	0	100
		나	104	0	100
성균관대학교	일반전형	가	392	0	100
		나	508	0	100
연세대학교	일반전형	나	897	3.8	96.2
이화여자대학교	일반전형	가	751	10	90
중앙대학교	수능일반전형	가	281	0	100
		나	142	0	100
		다	248	0	100
한국외국어대학교	수능전형	가	190	10	90
		나	383	10	90
한양대학교	정시 가군	가	189	0	100
	정시 나군	나	451	10	90

출차: 대학교육협의회 2016학년도 대학 입학 시행계획 주요 사항

정시모집의 특징과 준비

정시모집은 수능이 절대적이다

학생부가 일부 반영되기는 하지만 정시모집에서는 수능 비중이 절대적으로 높다. 일부 대학은 학생부 없이 수능 100%로 선발하기도 하니 학교별 반영 비율을 확인하고 지원해야 한다. 정시모집은 학생부 교과 성적이 좋지 않은 학생이 서울 상위권 대학에 합격할 수 있는 좋은 방법이다.

학교별 계산법을 고려하라

주요 대학 대부분이 수능점수를 반영할 때 원점수보다 표준점수나 백분위에 따른 변환표준점수를 사용한다. 예를 들어 수학 90점, 영어 80점 맞은 학생과 수학 80점, 영어 90점을 맞은 학생의 원점수는 동점이지만 정시모집에서 반영되는 점수는 판이하게 다르다.

과목별 가중치를 고려하라

각 대학의 모집 단위별로 가중치를 부여하는 곳이 많다. 예를 들어 고려대학교의 경우 자연계열은 수학 B형의 표준점수에 2를 곱하여 반영하기 때문에 수학 표준점수가 높으면 유리하다. 그러므로 자신이 지원하는 대학 모집 단위의 점수 반영 방법과 가중치를 고려하여 지원 전략을 세워야 한다.

학생부가 합격을 결정짓는 경우도 있다

정시에서 학생부의 반영 비율은 0~20% 수준이다. 교과 등급별 점수 차이도 1~4등급까지는 거의 없는 경우가 많기 때문에 실질 반영률은 이보다 훨씬 낮아 5%도 되지 않는 대학이 많다. 하지만 최근 쉽게 출제되는 수능의 경향을 고려하면 상위권 대학의 특정 학과에 지원한 학생들의 수능점수는 사실상 차이가 별로 없다. 학생부 성적 1~2점이 합격에 결정적인 역할을 하는 경우도 종종 발생한다. 아무리 정시모집이라도 수능점수만으로 합격이 결정되는 것은 아니기 때문에 학생부 반영 비율 등을 고려하여 지원 전략을 세워야 한다.

03

학생부교과전형으로 대학 가기

학생부교과전형의 이해

학생부교과전형이란

학생부교과전형은 수시모집의 여러 전형 중에서 학생부 교과 성적(내신)의 비중이 높은 전형을 통칭한다. 즉 흔히 말하는 내신 위주 전형이다. 다만 학생부교과전형은 교과 성적 '위주'의 전형이지 교과 성적'만'으로 학생을 선발하는 전형이 결코 아니라는 것을 기억해야 한다. 물론 교과 성적만으로 선발하는 학교도 있지만 서울소재 대학의 대다수는 교과 성적 외에 수능최저등급, 면접, 학생부 비교과 영역 평가 등 추가적인 전형 요소와 병행하여 학생을 선발한다.

전국적으로 보면 38.4%로 가장 많이 선발하는 전형이지만 서울 주요 대학들은 학생부교과전형으로 6.5% 정도만 선발한다. 즉 상위권 대학일수록 고등학교의 학생부 교과 성적보다는 별도의 평가기준을 마련하여 학생을 선발하려는 경향이 강하다.

■ 2016학년도 학생부교과전형 선발 인원 및 비율

구분	총 모집인원(명)	선발인원(명)	비율(%)
전국	365,309	140,181	38.4
주요 대학	41,841	2,723	6.5

※ 주요 대학 : 서울 상위권 13개 대학(건국대, 경희대, 고려대, 동국대, 서강대, 서울대, 서울시립대, 성균관대, 연세대, 이화여대, 중앙대, 한국외대, 한양대)

■ 주요 대학 학생부교과전형 모집정원 및 학생부 반영 비율

대학명	모집정원	전형명칭	단계	교과성적	비교과	기타반영비율	1단계성적	수능최저등급 기준
건국대	154	KU교과우수자	일괄	100				인문 : 2개 영역 합이 4 이내 자연 : 2개 영역 합이 5 이내 수의예 : 3개 영역 합이 5 이내
	20	KU고른기회전형6	일괄	70		30 (면접)		없음
고려대	630	학교장 추천	1단계	80	20			인문,자연 : 2개 영역 합이 4이내 의대: 3개 영역 합이 4 이내
			2단계			30 (면접)	70	
동국대	396	학교생활 우수인재, 불교추천인재	1단계	100				없음
			2단계			30 (면접)	70	

서울교대	60	학교장추천	1단계	100				4개 영역 합이 9이내
			2단계		71 (면접)	29		4개 영역 합이 9이내
연세대	257	학생부교과	1단계	70	30			인문 : 2개 영역 합이 4 이내 자연 : 2개 영역 합이 5 이내 의,치대 : 3개 영역 이상 1등급
			2단계	30		70		
이화여대	380	고교추천전형 _교과	1단계	80	20 (서류)			없음
			2단계		20 (면접)	80		
중앙대	377	학생부교과	일괄	70	30			인문: 3개 영역 합이 6 이내 자연: 2개 영역 합이 4 이내
한국외대	163	학생부교과	일괄	100				2개 영역 합 4 이내
한양대	346	학생부교과	일괄	100				없음

※ 주요 대학 중 경희대, 서강대, 서울대, 성균관대, 서울시립대 등은 학생부교과 위주 전형이 없음

주)2016학년도 기준

위의 표에서 알 수 있듯이 서울 주요 대학들은 학생부교과전형으로 많은 인원을 뽑지 않기 때문에 상당히 높은 수준의 교과 성적이 아니면 서울 주요 대학에 합격하기 어렵다.

또한 한양대를 제외하고는 수능최저등급이나 면접 등 추가적인 요소를 더하여 학생을 선발하기 때문에 교과 성적만 좋다고 해서 무조건 합격하기는 어렵다.

대학	반영 교과	학년별 반영 비율			교과 성적 비율	산출 지표
		1학년	2학년	3학년		
건국대학교	인문: 국영수사 자연: 국영수과	20	40	40	100	석차등급
고려대학교	인문: 국영수사 자연: 국영수과	20	40	40	80	석차등급, 원점수, 평균, 표준편차
동국대학교	인문: 국영수사 자연: 국영수과	100			100	석차등급
서울교육대학교	전 교과	100			100	석차등급
연세대학교	인문: 국영수사과 자연: 국영수사과	20	40	40	70	석차등급, 원점수, 평균, 표준편차
이화여자대학교	인문: 국영수사과 자연: 국영수사과	100			100	석차등급
중앙대학교	인문: 국영수사 자연: 국영수과	100			70	석차등급, 원점수, 평균, 표준편차
한국외국어대학교	국영수사 (도덕, 국사 포함)	100			100	석차등급, 원점수, 기타
한양대학교	전 교과목	100			100	석차등급, 환산점수

※ 2016학년도 기준

　　학년별 반영 비율이란 학생부 성적 산출 과정에서 각 학년 성적을 어떤 비율로 반영하느냐를 나타내는 것이다. 보통 1, 2, 3학년 성적을 모두 반영하는 대학이 많지만 대학에 따라 학년 구분 없이 반영하거나 특정 학년의 성적만 반영할 수도 있다. 대학별로 활용하는 지표가 다르므로 자신이 지원할 대학이 어떤 지표를 활용하여 교과 성적을 산출하는지 확인해야 한다.

학생부교과전형의 특징과 준비

학생부에서 교과 성적 비중이 절대적이다

전형 명칭에서부터 알 수 있듯이 높은 교과 성적은 필수이다. 반영되는 과목도 인문계열은 국어, 수학, 영어, 사회이고 자연계열은 국어, 수학, 영어, 과학으로 대동소이하다. 1학년 때부터의 교과 성적이 중요하므로 학교 성적 관리에 최선을 다해야 한다. 실제로 서울 상위권 대학은 주요 과목이 거의 1등급을 유지해야 합격이 가능하다.

수능최저등급이 당락을 가른다

서울 소재 대학들은 몇몇 학교를 제외한 대부분에서 수능최저등급을 적용한다. 그 기준은 보통 인문계열은 3과목 2등급, 자연계열은 2과목 2등급 정도이다. 물론 의·치·한 계열은 그보다 기준이 훨씬 높다. 아무리 교과 성적이 좋더라도 수능성적이 뒷받침되지 못하면 합격이 불가능하다. 실제로 상당수의 학생이 수능성적이 최저등급을 충족시키지 못해 학생부교과전형에서 불합격하는 경우가 많다. 내신에 어느 정도 자신이 있다면 집중적으로 수능 준비를 해야 한다.

서울 소재 상위권 대학 중 교과 성적만으로 뽑는 대학은 없다

서울 상위권 대학들은 학생부교과전형에서 교과 성적만으로 뽑지 않는다. 수능최저등급이 있거나 1, 2단계로 나누어 선발하면서 2단계에서는 서류나 면접 등 별도의 평가를 실시한다. 서울 주요 대학 중에서 수능최저등급 없이 오로지 교과 성적만으로 선발하는 학교는 한양대(346명)뿐이다. 그리고 교과 성적과 수능최저등급으로만 선발하는 대학은 건국대(154명)와 한국외대(160명) 정도이고 연세대, 서강대, 이화여대, 중앙대, 동국대 등은 모두 비교과나 서류, 면접 등 별도의 평가 요소가 있다. 따라서 학생부교과전형을 준비하려면 학생부 비교과 영역이나 추천서, 자소서 등의 서류, 면접 등도 학교별 전형계획에 맞게 준비해야 하는데 이 부분은 학생부종합전형에서의 준비과정과 유사하다.

상위권 대학일수록 선발 인원이 줄어든다

학생부교과전형의 모집인원은 전국 대학으로 보면 전체의 38.4%로 입시전형 중 가장 높은 비율을 차지한다. 하지만 서울 상위권 대학으로 범위를 한정하면 서울대, 고려대, 성균관대, 경희대, 서울시립대, 이화여대 등은 학생부교과전형이 아예 없으며 학생부교과전형이 있는 대학들도 전체 선발인원의 20%를 넘지 않는다. 따라서 서울 상위권 대학에 진학하려는 학생들은 학생부교과전형을 준비하되 올인하는 전략보다는 수능시험이나 비교과 영역 또는 논술 준비를 병행하여 리스크를 줄여야 한다.

04

학생부종합전형으로 대학 가기

학생부종합전형의 이해

학생부종합전형이란

학생부종합전형은 학업성적뿐만 아니라 학생의 다양한 학습이력을 바탕으로 보다 창의적이고 발전 가능성 있는 학생을 선발하기 위한 전형이다. 과거 입학사정관 제도라고 불렸으나 현재는 학생부종합전형으로 명칭이 바뀌었다. 학생부교과전형이 학생부의 교과 성적을 정량적으로 평가하는 데 반해 학생부종합전형은 학생부의 교과 성적뿐 아니라 비교과 영역을 정성적으로 평가한다.

전체 대학으로 보면 학생부종합전형의 비중은 18.5%이지만 서울 소재 주요 대학으로 한정하면 32%로 거의 2배 가까이 높아진다. 상위권 대학일수록 고등학교에서의 교과 성적은 물론이고 비교과 영역의 활동도 중요한 선발 기준으로 삼고 있다.

■ **2016학년도 학생부종합전형 선발 인원 및 비율**

구분	총 모집인원(명)	선발인원(명)	비율(%)
전국	365,309	67,631	18.5
주요 대학	41,841	13,409	32.0

※ 주요 대학 : 서울 상위권 13개 대학(건국대, 경희대, 고려대, 동국대, 서강대, 서울대, 서울시립대, 성균관대, 연세대, 이화여대, 중앙대, 한국외대, 한양대)

■ **주요 대학 학생부종합전형**

대학명	전형 명칭	모집인원	특이사항	수능최저등급 기준
건국대	KU 자기추천	608	교내활동 참여, 전공 관심 및 소질	없음
	KU 고른기회 (지역인재)	128	수도권 제외, 학교장 추천	
경희대	네오르네상스	900	리더십, 국제화, 과학, 문화인재	없음
	지역균형	232	수도권 제외, 고교별 2명 추천	
	학교생활충실자	360	특성화고 제외	없음
고려대	융합형 인재	360	전공분야 선도 창의적 사고와 역량	인문, 자연 : 2개 영역 합 4 이내 의대 : 3개 영역 합 4 이내
동국대	Do Dream	309	국내 고교 출신	없음
	지역우수인재	122	수도권 제외, 학교장 추천	

대학	전형명	모집 인원	지원 자격	수능 최저학력기준
서강대	학생부종합 (자기주도형)	290	국내 고교 출신	없음
	학생부종합 (일반형)	269	수능 응시	인문 : 3개 영역 합 4 이내 자연 : 3개 영역 합 6 이내
서울대	지역균형선발	681	고교별 2명 이내 추천	3개 영역 2등급 이내
	일반	1688	학업능력우수, 관련 분야 재능 및 열정	3개 영역 2등급 이내
서울시립대	학생부종합	403	인재상에 부합, 자기추천	없음
성균관대	성균인재	598	고교 졸업(예정)자	없음
	글로벌인재	564		의예과 : 3개 영역 1등급
	지역리더	105	6년 거주	3개 영역 합 7 이내
연세대	학교활동우수자	430	국내 고교 출신	인문 : 3개 영역 합 6 이내 자연 : 2개 영역 합 4 이내 의,치대 : 3개 영역 1등급
이화여대	미래인재_ 학교생활	550	교과 및 학교활동에서 적극적으로 역량을 계발한 자	인문, 자연 : 2개 영역 합 4 이내 융합 : 3개 영역 합 5 이내 의대 : 3개 영역 합 3 이내
중앙대	다빈치형인재	509	학교생활에서 균형적 성장 학업수학능력, 비교과 50:50으로 선발	없음
	탐구형인재	553	해당전공분야 탐구역량 학업수학능력, 비교과 80:20	
한국외대	학생부종합(일반)	341	특성화고 제외	없음
한양대	학생부종합	915	국내 고교 출신	없음

주) 2016학년도 기준

※ 대학마다 여러 종류의 학생부 종합전형이 있음. 이 표에서는 대학별 학생부 종합전형 중 주요
한 전형만을 소개한다. 예를 들어 고른기회, 사회기여자 등의 학생부종합전형은 제외한다.

학생부종합전형의 특징과 준비

수능최저등급을 적용하지 않는 학교가 많다

학생부종합전형을 실시하는 학교 대부분이 수능최저등급을 적용하지 않는다. 단 고려대, 서울대, 연세대 등은 최저등급을 적용한다. 성균관대는 같은 학생부종합전형이라도 성균인재전형은 수능최저등급이 없고 글로벌 인재전형은 최저등급을 적용한다. 따라서 자신이 지원하는 전형 명칭과 모집단위의 수능최저학력기준을 반드시 확인해야 한다.

교과 성적은 학생부종합전형에서도 중요한 평가요소이다

학생부종합전형은 말 그대로 학생부를 종합적으로 평가하는 전형이지 결코 성적과 상관없이 잠재력만으로 학생을 선발하는 제도가 아니다. 학생부종합전형에서도 교과 성적은 여전히 중요한 평가요소이며 실제로 학생부종합전형으로 합격한 학생들의 교과 성적은 다른 전형으로 합격한 학생에 비해 떨어지지 않는다. 높은 교과 성적은 각 대학에서 생각하는 '최고의 스펙' 중 하나임을 명심하자.

학생부종합전형은 비교과 영역이 중요하다

비교과 영역은 학생부에 기록되는 부분 중 교과 영역을 제외한 모든 것을 말한다. 출결, 수상경력, 동아리 활동, 봉사활동, 자격증 취득, 독서활동, 종합평가 등이 해당된다.

학생부종합전형은 학생의 현재의 능력뿐 아니라 열정이나 잠재력 등을 종합적으로 평가하는 전형이기 때문에 교과 성적과 함께 비교과 영역도 매우 중요한 평가요소가 된다.

■ 비교과 영역 예시

비교과 영역	반영 방법(학생부 종합 전형 기준)
인적사항	성장 배경, 역경 극복, 가족 소개 등과 연계하여 평가
학적사항	특기사항을 통해 학적 변동이 잦거나 특이한 사항을 확인하여 인성, 태도 등 평가
출결상황	• 문단(사고)결석일수 혹은 문단(사고)지각/조퇴/결과를 반영 • 성실성, 책임감 등의 평가 지표
수상실적	대학별 자체 평가기준에 의해서 반영 • 전공적합도, 학업계획(능력 및 관심도) 등 종합평가
자격증 및 인증 취득 상황	한 분야에 대한 관심과 노력, 열정 평가
재량활동	학교의 역량과 교육프로그램의 충실도, 스쿨프로파일과 관련 평가
봉사활동	1~3학년까지의 봉사활동내용을 대학별로 마련한 기준에 의해서 반영 • 봉사 관련 수상실적과 봉사시간보다 질적인 봉사활동 위주 평가 • 일회성이 아니라 특정 기관에서 정기적(지속적)으로 활동하는 것이 중요
교외체험 학습사항	개인의 특별한 경험 평가, 개인별 혹은 소수 테마 체험학습이 더 의미 있음
특별활동	리더십 및 학교활동, 인성과 가치관(변화) 및 진로에 대한 노력 평가
세부 능력 및 특기사항	학습 태도 및 성실성, 학업 충실도, 전공 적합성 등 종합평가
과목별, 학년별 성취도 변화	역경극복과정과 발전 정도, 역량 및 발전가능성 등 평가
독서활동 상황	소개서나 면접평가 시 활용 • 지원학과와 관련한 분야 도서 중심 평가 • 향후 학습 및 진로와 연계하여 평가
행동특성 및 종합의견	종합평가

출처: 대교협 대학 입학 정보

비교과의 핵심은 일관성과 전공과의 연계성이다

이것저것 많은 활동을 하고 수상실적이 많다고 해서 무조건 대학에 합격하는 것이 아니다. 고등학교에서 공부하고, 책 읽고, 체험하고, 동아리에 참여하고, 발표하는 등의 수많은 활동이 자신이 원하는 대학(전공)과 일관성이 있어야 한다. 그리고 거기에서 얻은 성과물들이 학생부와 자소서를 통해 나타날 때 비로소 그 학생은 합격에 가까워진다. 단기간에 비교과 영역을 완성시킬 수는 없다. 고등학교 3년간 자신의 목표에 맞게 꾸준히 학생부를 만들어 나가야 한다.

상위권 대학일수록 학생부종합전형의 비율이 높다

고등학교는 학력 수준의 편차가 크기 때문에 상위권 대학에서 교과 성적은 변별력을 크게 인정받지 못한다. 상위권 대학일수록 학생을 종합적으로 평가하여 학생을 선발하려 한다. 전국적으로 학생부종합전형은 약 18.5%에 불과하지만 서울 상위권 대학에서는 30% 정도로 비율이 높다. 학생부교과전형으로 지원하기에 다소 모자란 교과 성적을 받은 학생이라도 뚜렷한 목표를 가지고 일관성 있게 학생부 관리를 잘해왔다면 상위권 대학 합격이 가능하다.

학교별 자격기준에 주목하라

얼핏 보면 학생부종합전형의 자격기준은 대동소이한 것 같지만 그렇지 않다. 학교별 자격조건을 세심하게 확인하고 그에 걸맞은 자기소개서 등의 서류를 제출해야 한다.

　예를 들어 경희대 네오르네상스 전형은 리더십·봉사 인재, 국제화인재, 과학인재, 문화인재 중 하나라고 자격조건을 명시해 놓았으므로 이 전형에 도전할 학생은 자신이 이 중 적어도 한 가지 이상의 인재상에 부합한다는 것을 학생부의 교과 및 비교과 활동과 자기소개서를 통해 강조해야 한다. 또 중앙대 다빈치형 인재 전형은 '균형적 성장'이라는 단어가 명시되어 있으므로 이 전형으로 합격하기 위해서는 학생부 관리에서 교과 성적뿐 아니라 비교과 영역의 활동 및 기록에도 신경 써야 한다. 학생부종합전형에서는 해당되는 자격기준을 주목하여 그에 맞는 준비를 하는 세심함이 요구된다.

논술로 대학 가기

논술전형의 이해

논술전형이란

논술전형은 내신과 수능에 대한 보완으로 학생의 통합교과적인 사고력을 측정하기 위한 시험으로 주로 서울 소재 상위권 대학에서 실시한다.

논술전형의 구조 및 문제 유형

전국적으로는 전체 선발인원의 4% 정도에 불과하지만 서울 소재 상위권 대학으로 범위를 좁히면 19.3% 정도가 논술전형으로 선발한다. 상위권 대학을 희망하는 학생들에게 논술준비는 중요한 입시전형 중 하나이다.

■ 2016학년도 논술 위주 전형 선발 인원 및 비율

구분	총 모집인원(명)	논술전형 선발인원(명)	비율(%)
전국	365,309	15,349	4.2
주요 대학	41,841	8,070	19.3

■ 주요 대학 논술전형

대학	전형명	모집 인원(명)	전체 대비 비율	전형 요소별 반영 비율(%)		수능 최저 등급
				논술	학생부	
건국대	KU논술 우수자	484	14.8	60	40	없음
경희대	논술우수자	935	17.5	70	30	○
고려대	일반전형	1,110	27.2	60	40	○
동국대	논술우수자	499	17.1	60	40	○
서강대	논술전형	405	23.2	60	40	○
서울시립대	논술전형	190	10.0	100	–	없음
				50	50	
성균관대	과학인재*	140	36.6	60	40(서류)	○
	논술우수	1,223		60	40	○
연세대	일반전형	683	19.1	87.1	12.9	○
이화여대	일반전형 (논술)	550	17.1	70	30	○
중앙대	논술전형	855	22.7	60	40	○
한국외대	논술전형	476	26.8	70	30	○
한양대	논술전형	520	16.1	50	50	없음

※ 서울대는 논술전형 없음
※ 성균관대 과학인재 전형은 논술이 60%로 논술위주 전형으로 분류되지만 사실상 특기자 전형
　　으로 분류하는 것이 맞음

상위권 대학에서는 서울대를 제외하고 모두 논술전형을 실시한다. 다만 그 편차가 큰 편이고 수능최저등급의 유무도 대학마다 차이가 있으므로 이들을 고려해야 한다. 학생부 반영 비율도 높은 편이므로 등급별 점수차 등을 고려한 실질 반영률을 확인하여 지원 전략을 수립해야 한다.

논술전형의 특징과 준비

논술전형은 내신의 약점을 역전시킬 수 있는 전형이다

논술전형을 실시하는 많은 학교들이 학생부도 일정 비율 포함시키고 있다. 하지만 실질적인 학생부의 반영 비율은 낮은 편이어서 논술을 잘 본다면 3~4등급 수준의 교과 성적으로도 충분히 서울 상위권 대학에 합격이 가능하다. 내신이 다소 부족한 학생들에게 논술은 상위권 대학에 갈 수 있는 전형이 될 수 있다.

논술에 도움이 되는 가장 좋은 책은 교과서이다

논술 준비에서 폭넓은 독서는 필수 요소라고 하지만 독서를 많이 했다고 모두 논술을 잘하는 것은 아니다. 논술전형은 고교과정을 정상적으로 이수한 학생이라면 풀어낼 수 있도록 출제된다.

논술은 교과서 외의 지식을 자랑한다고 해서 높은 점수를 받는 게 아니다. 주어진 지문을 읽고 그 의미들을 정확하게 파악한 후 문제에서 요구하는 바를 정해진 글자수 범위에서 논리적으로 서술해야 한다. 그리고 그 답안이 고등학교 교과서에 나온 내용을 바탕으로 자신의 생각을 정리하였다면 높은 점수를 받는다.

그러므로 논술전형을 준비하는 학생은 먼저 교과서를 꼼꼼히 읽고 결론을 이끌어내기 위한 서술 과정, 원인과 결과, 영향 등을 이해하고 분석해야 한다.

■ **논술전형을 준비하기 위한 교과서의 활용**

공통	• 교과서에 있는 도표, 그림 등의 이해 및 분석 • 교과서 내용의 흐름을 원인, 과정, 결과로 나누어 이해
인문계열	• 국어 교과서에 사용된 어휘나 표현법에 대한 이해 • 사회과목들은 과목별 연계성에 주목
자연계열	• 과학 교과서 내용의 수학적 해석 • 수학용어, 도형 등의 정의에 대한 정확한 이해와 공식의 유도

대학별 출제 유형을 파악하고 기출문제를 풀어라

논술전형은 대학별로 출제유형이나 문항수가 다르다. 따라서 수험생은 막연히 논술을 준비할 것이 아니라 자신이 희망하는 대학에서 실시하는 논술 유형을 사전에 파악하고 준비하는 것이 바람직하다. 각 대학별 모의논술 문제들을 풀고 자신만의 답을 작성한 후 예시답안과 비교 분석하는 과정을 반복해야 실제 논술에서의 시행착오를 줄일 수 있다.

■ 논술전형의 문제 유형(인문계열)

문제 유형	출제 대학
인문사회 통합논술 일반	경희대, 덕성여대, 동국대, 중앙대(인문), 한양대(인문), 홍익대 등
인문사회 및 영어	이화여대(인문Ⅰ), 한국외대
인문사회 및 논리(수리)	건국대(인문사회Ⅱ), 고려대, 숭실대(경상), 연세대, 이화여대(인문Ⅱ), 중앙대(경영, 경제), 한양대(상경)
인문사회 및 도표, 통계자료	건국대(인문사회Ⅰ), 서강대, 서울여대, 성균관대, 숙명여대, 숭실대(인문), 인하대 등
인문사회 및 수리,영어	경희대(사회계)

■ 논술전형의 문제 유형(자연계열)

문제 유형	출제 대학
수리·과학 통합형	경희대, 단국대, 성균관대, 성신여대, 숭실대, 연세대, 중앙대, 항공대(공학)
수리·과학 선택형	고려대, 광운대, 인하대
수리형	서강대, 서울시립대, 아주대, 연세대(원주), 이화여대, 한양대, 홍익대
과학형	건국대
인문혼합형	가톨릭대, 동국대, 상명대, 서울여대, 숙명여대, 항공대(이학계열)

좋은 논술 답안을 많이 읽어라

대학별 홈페이지에는 논술 기출문제와 함께 예시답안이나 우수답안 등이 게재되어 있다. 좋은 평가를 받은 글들을 많이 읽어보면 어떻게 해야 논술에서 좋은 점수를 받을 수 있는지 알 수 있다.

결국 논술은 글쓰기이다

아무리 폭넓은 독서를 하고 그 내용들을 깊이 있게 이해했다 하더라도 제대로 표현하지 못하면 아무 소용이 없다. 논술은 결국 본인이 직접 글을 써야 하는 시험이다. 글을 쓰는 연습은 논술 준비에서 가장 중요한 과정이다.

비슷한 내용이라도 좀 더 적합한 어휘를 선택하고 좀 더 이해하기 쉬운 문장으로 표현하는 연습을 해야 하며 정해진 분량에 맞춰서 글을 마무리 짓는 연습도 충분히 해야 한다.

논술은 하루아침에 이루어지지 않는다

앞에서 언급했다시피 논술은 통합교과적인 사고력을 글쓰기를 통해 평가하는 시험이다. 통합교과적인 사고력도 글쓰기도 모두 하루아침에 발전하기는 힘들다. 서울 상위권 대학에 도전하는 학생이라면 고등학교에 입학하기 전부터 차근차근 준비해 나가야 그 성과를 얻을 수 있다. 다음 〈표〉는 논술전형 준비에 도움이 되는 사이트이다.

■ **논술, 구술 사이트**

사이트명	주요 활동 내용	홈페이지
논술바다	논술, 면접 기초정보 제공, 교대 논술	cafe.daum.net/edunon
안광복 논술사이트	논술에 바탕이 되는 독서, 논리, 철학 기초 자료 안내 제공	www.joongdong.hs.kr/default.asp?
에듀넷 고등학생공부방	수능 학습, 논·구술 자료, 논·구술에듀넷 사이버 강의	www.edunet4u.net
서울진학지도 협의회	논·구술 심층면접 자료 제공	www.seouljinhak.com
이문수의 국어사랑	각종 국어자료, 논술, 면접 자료 제공	munsu.pooding.com
꿀맛닷씨사이트	무료 첨삭 지도, 각종 논·구술 기술문제 무료 자료 제공	www.kkulmat.com
씨사이트	구술, 면접 등 입시관련정보 제공	www.sisite.co.kr

06 외국어 우수자 전형으로 대학 가기

외국어 우수자 전형의 이해

외국어 우수자 전형이란

외국어 우수자 전형이란 영어, 중국어, 일본어, 독일어 등 외국어 분야에 우수한 역량을 가진 학생을 선발하는 전형이다. 대학마다 요구하는 지원 자격 기준이 다양하다. 기존에는 공인된 어학성적을 반영했는데 최근에는 토익, 토플, 텝스, JLPT, HSK 등 공인어학시험 성적을 배제하는 추세이다.

외국어 우수자 전형의 구조

외국어 우수자 전형은 이전에 비해 모집인원은 줄어들고 있고 공인어학 성적기준도 거의 없어지는 추세로 서울 주요 대학 중에는 동국대만 공인어학성적기준이 존재한다. 단 연세대와 고려대는 상대적으로 외국어 우수자 전형의 비중이 높은 편이다.

■ 외국어 우수자 전형 예시

대학	전형 명칭	모집 인원	비고	수능 최저 기준
경희대	실기우수자 글로벌 (영어)	70	개인활동자료 제출 및 면접	없음
고려대	국제인재	290	한국어로 면접 국제학부는 영어심층면접 (영어에세이) 실시	
동국대	특기자(어학)	43	공인어학성적 기준 있음	
서강대	알바트로스 특기자	51	서류를 바탕으로 한 면접 실시	
연세대	특기자전형(국제계열)	434	영어구술면접 실시	
이화여대	특기자전형_어학	65	학업, 영어능력을 평가하는 면접	
이화여대	특기자전형_국제학부	60	영어강의 수강이 가능한 자	
이화여대	특기자전형_국제학부 (정시)	20	학업, 영어능력을 평가하는 면접	
한국외대	외국어특기자 전형	102	서류, 전공적성, 인성 평가 면접	
한양대	글로벌인재	105	외국어 에세이 제출 외국어 면접 실시	

주) 2016학년도 기준

■ 동국대 어학특기자전형 공인어학성적 기준

영어			일본어		중국어
TOFLE-IBT	TOEIC	TEPS	JPT	(신)JLPT	(신)HSK
110	960	873	920	–	6급(260)

주) 2016학년도 기준

외국어 우수자 전형의 특징과 준비

평균 이상으로 공부해야 한다

외국어 우수자 전형으로 대학에 가려면 공인어학성적을 제출하지는 않으나 그 이상의 수준을 공부해야 한다. 2016학년도 주요 대학 외국어 우수자 모집요강을 보면 동국대나 숙명여대를 제외하고 공인어학성적은 거의 반영되지 않는다. 하지만 모든 학교에서 영어능력을 평가하기 위한 면접을 실시하고 한양대의 경우는 영어 에세이를 제출해야 한다. 대학은 공인어학성적 대신 그에 준하는 영어실력을 가진 학생을 선발하려 한다.

수능최저등급에서 자유롭다

주요 대학 외국어 우수자 전형에서 수능최저등급이 있는 대학은 없다. 즉 일정 수준의 외국어 실력을 가지고 있는 학생이라면 수능시험에 대한 부담없이 외국어 우수자 전형을 준비할 수 있다. 하지만 이는 외국에서 학교를 다녔거나 국제고, 외고 등에서 높은 수준의 영어를 공부한 학생에 한해서다. 그렇지 못한 대다수의 학생이 공인어학성적 기준이 없어졌거나 완화되었다고 외국어 우수자 전형으로 합격하기는 현실적으로 어렵다.

수학, 과학 우수자 전형으로 대학 가기

수학, 과학 우수자 전형의 이해

수학, 과학 특기자 전형이란

수학, 과학 등에 특별한 재능을 보이는 학생들을 모집하기 위한 전형으로 주로 상위권 대학의 의예, 치의예 및 이공계열 학과에서 모집하며 대학별로 정해진 자격조건을 갖춘 학생들만 지원이 가능하다. 이전에 비해 자격요건은 다소 완화되었으나 모집정원은 줄어 학생부종합전형으로 전환되는 추세이다.

수학, 과학 우수자 전형의 구조

수학, 과학 우수자 전형 역시 외국어 우수자 전형과 마찬가지로 모집인원이 줄어드는 추세이다. 자격조건도 이전에 비해 많이 완화되어 일반고 학생들도 지원 자격이 되기도 한다.

■ **주요대학 수학, 과학 우수자 전형**

대학	전형 명칭	모집 인원	전형 방법	지원 자격	수능 최저 기준
고려대	과학인재	260명	1단계 : 서류전형100% (5배수) 2단계 : 1단계 [70]+면접[30]	수학 및 과학분야 학업성적이 우수, 모집단위 관련분야에 재능과 열정	없음
서강대	알바트로스 특기자	56명	1단계 : 서류100% (2~5배수) 2단계 : 1단계 [80]+면접[20]	수학, 과학 관련 분야에 뛰어난 역량	
성균관대	과학인재	140명	서류[40] + 논술[60]	졸업(예정)자	
연세대	특기자(과학공학 인재계열)	240명	1단계 : 서류100(4배수) 2단계 : 1단계[70] +면접[30]	• 수학,과학 30단위 이상 이수, 평균 3등급 이내 • 수학,과학 전문교과 10단위 이수	
이화여대	특기자 (· 수학/과학)	50명	1단계 : 서류100%(3.5배수) 2단계 : 1단계[70]+면접[30]	수학 또는 과학분야 우수 역량 및 활동 실적	없음

주)2016학년도 기준

수학, 과학 우수자 전형의 특징과 준비

과학고나 영재학교 학생들에게 절대적으로 유리하다

수학, 과학, 우수자 전형은 이전에 비해 자격요건이 많이 완화되어 이론적으로는 일반고 학생도 지원 가능하다. 특기자 전형은 자소서에 외부스펙을 기재해도 무방하다. 그래서 고등학생으로서 일반적으로 하기 힘든

R&E(Research & Education) 활동이나 대외적인 수상실적이 상대적으로 많은 과학고, 영재학교 학생들에게 절대적으로 유리하다.

특히 인제대는 분류상으로는 학생부교과전형이지만 지원자격을 과학고 졸업자 또는 과학전문교과 6단위 이상 이수자로 제한하고 수능최저등급마저 철폐함으로써 사실상 특기자 전형으로 분류하는 것이 맞다. 그리고 성균관대 역시 분류상으로는 논술 위주 전형이지만 단지 논술의 비중이 60%가 되어 그렇게 분류될 뿐이고 실질적으로는 특기자 전형이다. 오히려 논술전형으로 분류되어 자기소개서에 외부스펙을 기재할 수 있게 만들어 과학고나 영재학교 학생들에게 유리하게 전형을 설계했다.

최소한의 소양을 갖추면 일반고 학생도 합격이 가능하다

어학 우수자 전형이 외고, 국제고 학생들을 위한 전형이라면 수학, 과학 우수자 전형은 과학고, 영재고 학생들을 위한 전형이다. 하지만 과학고, 영재고 학생은 외고에 비해 그 숫자가 적을뿐더러 학교의 설립 취지에 맞지 않게 의대나 치대로 진학하는 경우가 많다. 따라서 상위권 대학임에도 의외로 미등록 충원을 하는 경우도 종종 발생한다. 지원자격이 완화되어 일반고 학생이 지원하는 자체는 아무 문제가 없다. 그러므로 일반고 학생이라도 수학, 과학에서 우수한 성적을 유지하고, 관련 동아리 활동이나 연구활동 등을 활발히 한 학생이라면 수학, 과학 우수자 전형에 합격하는 것도 전혀 불가능한 것은 아니다. 특히 자신의 학교가 과학중점학교로 지정되어 있는 경우는 과학 전문교과의 이수도 가능하기 때문에 조금 더 유리할 수 있다.

대학 진학은 입시용어 이해에서 시작된다

01
문답으로 알아보는
입시용어

'입학사정관제'란 무엇인가요?

대학이 고등학교 교육 과정, 대학의 학생 선발 방법 등에 대한 전문가인 입학사정관을 통하여 내신과 수능 점수만으로 평가할 수 없었던 잠재능력과 소질, 가능성 등을 다각적으로 평가하고 판단하여 각 대학의 인재상이나 모집단위 특성에 맞는 신입생을 선발하는 제도이다. 즉 성적 위주의 획일적인 평가에서 벗어나 다양한 평가요소를 가지고 잠재 능력을 가진 학생을 발굴할 수 있는 전형이다. 입학사정관제의 평가는 학생 개인의 잠재력, 적성, 특기, 창의력, 문제해결능력, 책임감, 봉사성, 리더십, 역경 극복 등 다양하다. 모집학과의 특성 등을 고려한 다면적 평가를 실시하여 학생을 선발한다. 2015학년도부터 학생부종합전형으로 명칭이 바뀌었다.

학생부 교과와 비교과란 무엇인가요?

교과

학교생활기록부(학생부)에는 교과와 비교과 영역에 대한 성적 혹은 활동 내역이 표시된다. 교과는 곧 내신으로 각 교과목의 성적을 의미한다. 대학 입시에서는 전 과목을 반영하는 일부 학교(서울대, 교대, 연대·고대는 수시만)를 제외하고는 문과는 국어, 영어, 수리, 사탐과 이과는 국어, 영어, 수리, 과탐 각각 4과목을 반영한다.

비교과

비교과는 교과 과목의 성적을 제외한 나머지 부분을 의미하며 출결 및 봉사활동, 특별활동, 자격증, 수상 경력, 독서활동 상황 등 교과 이외의 활동 내역을 말한다.

학생부 9등급제와 성취평가제의 차이는 무엇인가요?

석차 9등급제

석차 9등급제란 영역별로 산출된 표준점수를 기준으로 9등급으로 구분하여 수험생이 속해 있는 등급을 표시한 점수 체제를 말한다. 석차 9등급제는 보통 내신 등급이나 수능 등급 등을 나눌 때 사용한다.

■ **석차 9등급제 등급별 비율표**

등급	1	2	3	4	5	6	7	8	9
비율(%)	4	7	12	17	20	17	12	7	4
누적비율(%)	4	11	23	40	60	77	89	96	100

성취평가제

성취평가제는 교과목별로 정해진 성취기준 및 평가기준에 따라 학생의 학업성취 수준을 평가하고 이에 따른 성취도를 부여하는 것이다. 석차 9등급제가 상대평가 방식이라면 성취평가제는 A, B, C, D, E(A 90점 이상, B 80점 이상 90점 미만 등) 형식으로 절대평가 방식을 취한다. 교육부는 2015년도 고1부터 9등급제 성적평가와 함께 성취평가제를 시행하고 있지만 대입 반영은 2018학년도까지 유예한다고 발표한 바 있다. 현재 과학고 입시전형 등에 사용된다.

원점수, 표준점수, 백분위, 변환표준점수, Z점수란?

정시모집에서 대학별 수능점수 활용은 표준점수, 백분위, 변환표준점수, Z점수 등 활용 지표가 다르고 반영되는 영역별 비율이 각각 달라질 수 있기 때문에 보통 시험 성적이 나온 뒤에는 자신의 영역별 점수 강약을 꼼꼼하게 분석하고 목표 대학의 반영방법과 비교하여 자신에게 유리한 대학과 학과를 선택한다.

원점수

100점 만점을 기준으로 내가 받은 점수이다. 사탐·과탐은 50점 만점이다. 교육청에서 실시하는 모의고사에서는 원점수가 기재되지만, 실제 수능 성적표에는 원점수가 기재되지 않는다.

표준점수

자신의 원점수가 평균으로부터 얼마나 멀리 떨어져 있는지 알 수 있는 점수이다. 상대적으로 본인이 획득한 원점수가 어느 위치에 해당하는가를 나타낸다. 표준점수는 시험이 어렵고 평균 점수가 낮을수록 높게 나온다. 대체로 수학 성적이 표준점수가 높은 이유는 평균이 매우 낮기 때문이다. 서울시내 상위권 대학들은 국어, 영어, 수학을 반영할 때 표준점수를 지표로 활용한다.

백분위

응시학생 전체에 대해, 자기보다 낮은 점수를 받은 수험생들의 비율을 백분율로 나타낸 수치이다. 예를 들어 백분위 95%는 내 밑에 95%, 내 위에 5%의 수험생들이 있다는 것이다. 영역(과목) 내에서 수험생의 상대적 서열을 나타내므로 학생 자신의 영역별 강점과 약점을 대략적으로 알아보는 데 이용할 수 있다. 대체로 중하위권 대학들에서는 정시모집에서 백분위를 반영한다.

변환표준점수

변환표준점수란 표준점수와 백분위를 합친 것이다. 수능에서 탐구과목처럼 난이도가 달라 표준점수가 높은 과목도 있고 낮은 과목도 있을 수 있다. 시험 문제가 어렵게 나온다면 높은 표준점수를 받은 학생이 유리할 것이다. 선택과목에 따라 유리함과 불리함이 생기는 것이다. 이것을 보완하기 위해서 각 대학들은 탐구 영역에서 변환 표준점수를 채택하고 있다.

Z점수

주요 대학들이 내신을 산출할 때 각 출신학교별로 학력, 난이도, 과목별 차이 등을 보완하기 위해 특정한 공식으로 이런 차이를 상쇄하여 전국 고등학교에서 어떤 학생이 갖는 위치를 파악하여 점수로 환산한 것이다. Z점수는 어려운 시험 문제에서 더 성적이 좋을 때 결과가 높게 나온다고 생각하면 된다. 같은 1등급이라도 가치가 다르게 평가되고 변별력이 생기기 때문에 대학 지원 시에는 꼭 계산해봐야 한다.

수능최저학력기준이란 무엇인가요?

수시모집에서 주로 사용되며 수시에 합격했다 하더라도 대학에서 제시한 일정 수준의 수능성적을 얻어야 최종합격을 할 수 있는 기준이다. 즉 수시모집에서 해당 전형에 수능최저학력기준이 포함되어 있다면 모든 조건을 충족하고 우수한 평가를 받았다 하더라도 수능 성적이 그 기준에 미달되면 탈락한다.

예를 들어 수시에서 학생부100%로 선발하고, 최저학력기준을 수능4개 영역 중 2개 영역 이상 2등급이라고 지정했다면, 학생부 성적을 통해 조건부 합격자가 되어도 최종 수능성적이 최저학력기준을 충족하지 못하면 불합격하게 된다. 수능최저학력기준은 학생부교과전형, 학생부종합전형, 논술전형 등 수시전략에서 가장 중요한 요소 중 하나이다. 대부분 수시 지원 전략에서 수능 학습 계획을 세울 때도 가장 먼저 고려할 사항이다. 각 대학의 수능최저학력기준을 미리 알고 전략을 세워야 한다.

학생부 실질 반영 비율이란?

학생부 실질 반영 비율이란 실제적으로 학생부가 전형 총점에 대하여 미치는 비율을 말한다. 예를 들어 수시모집에서 학생부와 논술을 각각 50%씩 반영하고 총점이 800점인 대학에서 학생부 최고점이 400점이고 최저점이 320점이라고 하면, 이 대학의 수시모집에서 학생부가 실제적으로 전형 총점에 미치는 영향은 80점(400점−320점)이고, 실질 반영 비율은 10%(80/800)라고 할 수 있다. 대입수시모집에서 학생부 실질 반영 비율은 대학마다 차이가 있으며, 실질 반영 비율이 낮을수록 지원자의 학생부 성적이 합격에 미치는 영향이 작다고 생각하면 된다.

이처럼 대학이 발표하는 전형별 반영 비율을 보면 수험생이나 학부모를 현혹시키는 경우가 있다. 외형상 똑같은 학생부, 논술 반영 비율을 가지고 있지만 실제로는 크게 차이가 나는 경우가 많다. 따라서 자신의 유리함과 불리함을 가늠하기 위하여 구체적인 등급 간의 격차와 같은 실질 반영 비율을 꼭 확인하여 대입 지원 전략을 세워야 한다.

R&E가 무엇인가요?

R&E(과제 연구, 청소년 소논문) 의미

R&E(Research & Education)는 '연구를 통한 교육'을 의미한다. 주로 지도교사(교수)와 3~5명의 학생들이 한 팀을 이루어 지도교수의 조언이나 지도 아래에 학생들이 연구의 중심적인 역할을 하고 연구 결과를 소논문 형태로 제출하는 것이다.

대개는 자연과학분야 학생이 하는 것으로 알고 있지만 인문과학분야나 사회과학분야에서도 활발하게 이루어지고 있다. 고교 상황에 따라 연계를 맺고 있는 대학교나 연구소와 협력하여 연구를 수행하기도 한다. 이 과정에서 주제 정하기, 연구계획 세우기, 연구 수행하기, 논문쓰기 등 모두 학생에 의해 이루어진다. 간단히 말해서 R&E는 '좋아하는 분야의 주제를 잡아서 연구하고 공부하는 것'이라고 할 수 있다.

R&E 활동

R&E는 과학영재학교를 시작으로 과학고와 자사고 등으로 확산되었고 최근에는 일반 고등학교에서도 보편화하고 있는 추세이다. 대개 동아리 활동이나 방과후 활동으로 보편화되어 있지만, 일부 학교에서는 정규 과목으

로 개설을 하거나 소논문 발표 대회를 개최하기도 한다. 또한 이러한 결과를 외부 논문대회나 경시대회에 제출하여 평가를 받거나 권위 있는 학술지에 게재함으로써 능력을 인정받기도 한다.

R&E의 효과

학생들이 스스로 주제를 접하고 학습 내용을 설계하고 탐구하는 과정에서 자기주도 학습능력을 키우고 함께 사고하는 과정을 거치며 협동하는 자세를 배울 수 있다. 또한 스스로 주제를 정해서 연구하는 과정을 통해 탐구능력을 향상시킬 뿐 아니라 문제해결력까지 키울 수 있다. 뿐만 아니라 자신이 대학에서 전공할 분야와 연계된 주제를 찾고 그 분야에 대해 깊이 있게 연구함으로써 대학 진학 후의 전공 역량을 높일 수 있는 계기를 마련할 수 있다.

R&E의 부정적 경향

일부 사교육 업체들과 컨설팅 업체들이 각 대학 수시모집에서 R&E 경력이 좋은 평가를 받고 있다는 사실을 알고, 학생의 발전 가능성과 상관없는 고가의 실적 중심 R&E를 진행하는 추세이다. 따라서 일부 대학에서는 이러한 부정적 경향 때문에 수시 평가의 주요 요소에서 배제하려는 움직임까지 나타나고 있다.

R&E 활용

입시에서 자기소개서에 외부 스펙을 기재할 수 없게 되면서 학생생활기록부에 기록이 가능한 교내활동으로 주목받고 있다. 특히 학생들의 진로 적합성이나 전공 역량과 문제해결력, 자기주도 학습능력을 입증하는 방법으로 R&E가 활용된다. 특히 학생부 종합전형의 준비활동의 하나로 보편화되고 있다.

02

문답으로 알아보는 입시 제도

수시와 정시의 차이는 무엇인가요?

수시모집

수능 성적으로만 학생을 선발하지 않고 다양한 능력과 재능을 반영하기 위해 정시모집에 앞서 선발하는 전형이다. 수시모집에 지원하여 합격하면 정시모집에 지원할 수 없고, 수시모집에서 지원자가 미달된 모집 단위의 경우는 정시모집에서 선발하기도 한다.

정시모집

대학이 수능 성적을 중심으로 가군, 나군, 다군의 전형실시 기간을 구분하여 모집하는 것을 의미한다. 다시 말해 수능 실시 후에 전형일자에 따라

모집 시기를 구분한 것이다. 정시모집에서는 대학(교육대학 포함)마다 교육부가 구분한 군(가, 나, 다군)이 정해져 있는데, 군이 다른 대학 간 또는 동일 대학 내 군이 다른 모집 단위(대학이 분할 모집하는 경우) 간에는 복수 지원이 가능하지만 시험기간 군이 동일하면 한 곳만 선택하여 지원해야 한다.

추가모집

추가모집은 수시모집과 정시모집에서 충원하지 못한 결원을 보충할 때 지정된 기간 내에 접수, 전형, 합격자 발표, 등록 등을 대학 자율로 결정하여 시행한다.

■ **수시모집과 정시모집의 비교**

구분	수시모집	정시모집
정의	• 내신이나 고교활동, 개인의 특성을 중심으로 학생을 모집하는 전형 • 학생부중심전형, 논술전형, 실기전형으로 나눔	수능을 중심으로 학생을 모집하는 전형
모집인원 (2016기준)	전국 4년제 대학 246,748명 (66.7%)	전국 4년제 대학 121,561명 (33.3%)
모집시기	9월부터~12월까지 학교별로 일정 다름	수능성적 발표 이후 12월 하순경
응시횟수	• 6회까지 지원 가능 • 한 대학이라도 합격하면 정시모집 응시불가	가, 나, 다 3개 군 각 1회씩 지원 가능
특징	• 학생부와 논술, 면접, 자기소개서 등이 중요 • 수능은 최저학력기준으로만 활용	• 수능만으로 혹은 수능+학생부 • 수능 비중이 매우 높음
장·단점	• 합격 예측이 어려움 • 다양한 능력 발휘 • 높은 경쟁률	• 성적에 따른 합·불예측가능 • 수능 성적에 의존 • 재수생 강세

과학영재학교와 과학고의 차이는 무엇인가요?

	과학영재학교	과학고
설립목적	과학인재 양성	
법적근거	영재교육법	초 · 중등 교육법
입시일정	4~6월	10~11월
모집단위	전국	지역 내 지원
지원범위	복수지원 가능	합격여부와 상관없이 특목/자사고 지원 가능 복수지원 불가능(외고, 국제고, 자사고 등)
지원자격	중1~졸업생까지 지원 가능	중학교 졸업예정자 및 졸업자
선발방법	1단계 : 학생부, 자소서, 추천서 2단계 : 창의성평가(수학 · 과학) 3단계 : 과학캠프	1단계 : 수학/과학 내신 + 서류 2단계: 방문면접 3단계: 면접평가
특징	학점제 이수, 무학년제, 자유로운 교과과정 운영, 대학학점 선이수제	전문교과와 기본교과 이수(학기제) 조기졸업가능
예	서울과학고, 서울과학영재학교, 경기과학고 등	세종과학고, 한성과학고, 경기북과학고 등

수능시험 과목과 시험시간은 어떻게 되나요?

수능시험은 보통 총 5과목을 응시한다. 국어, 수학, 영어와 사회탐구나 과학탐구 중 2과목을 선택한다. 필요에 따라서는 제 2외국어/한문 중에서 추가 1과목을 선택할 수 있다. 2017년부터는 한국사가 필수과목으로 지정되고 절대평가(9등급)로 등급만 제공된다. 원점수 기준 국어, 영어, 수학 각각

100점 만점, 탐구 각각 50점씩(제 2외국어/한문을 1과목으로 대체 가능) 400점 만점으로 이루어진다.

■ **수능 과목별 배점 및 시험시간**

영역		문항수	배점	시험시간	비고
국어		45	100점	80분	
수학		30	100점	100분	문과 · 이과 구별하여 응시
영어		45	100점	70분	듣기17문항
탐구 (택1)	사회 탐구	과목당 20	과목당 50점	과목당 30분	생활과 윤리, 윤리와 사상, 한국지리, 세계지리, 동아시아사상, 세계사, 법과정치, 경제, 사회 · 문화, 한국사 (2017년부터 필수과목으로 지정되어 빠짐) • 10개 과목 중 택2
	과학 탐구	과목당 20	과목당 50점	과목당 40분	물리Ⅰ,물리Ⅱ, 화학Ⅰ, 화학Ⅱ, 생명과학Ⅰ, 생명과학Ⅱ, 지구과학Ⅰ, 지구과학Ⅱ • 8개 과목 중 택2
제2외국어/한문		과목당30	과목당 50점	과목당 40분	• 9과목 중에서 1과목 응시 • 서울대 문과는 제2외국어 필수 • 상위권대학은 탐구 1과목 대체 가능
한국사		20	50점	30분	• 2017학년도부터 필수과목으로 지정 • 절대평가(9등급)도입하여 등급만 제공

2017학년도 변화된 대입제도의 핵심은 무엇인가요?

교육부가 발표한 대입전형 간소화 및 대입제도 발전방안 중 2017학년도 대입제도는 다음과 같이 요약할 수 있다.

국어가 통합형으로 전환된다

2016학년도 수능까지 쉬운 A형과 어려운 B형이 구분되는 국어영역은 2017학년도 수능부터 A · B형 구분 없이 통합형으로 전환된다. 따라서 이과 반을 선택하는 학생들은 기존에 이과 선배들보다 더욱 강화된 학습량을 준비해야 한다.

한국사가 필수과목이 된다

처음으로 한국사가 문 · 이과 모두 필수 과목으로 지정된다. 수험 부담을 최소화할 수 있도록 쉽게 출제하고 절대평가 9등급제를 도입하여 등급만 제공되므로 변별력에 중요성이 제기되지는 않을 전망이다.

수시 수능최저학력기준을 완화한다

2017학년도에도 2015-2016학년도와 동일하게 수시모집에서는 수능최저 학력기준을 등급으로만 설정하여 완화하고 백분위의 사용은 지양한다.

성취평가제 대입 반영은 유예한다

고1 학년도부터 보통 교과에 대해 성취평가제를 적용하되, 성취평가 결과(A, B, C, D, E)의 대입반영은 2018학년도까지 유예한다.

학교생활기록부 기재방식을 개선한다

학생부 '진로희망사항'에 학생의 '희망사유' 기재란이 신설되고, '행동특성 및 종합의견'에 '예체능 활동' 영역을 신설한다. 또한 학생부의 과도한 기재를 막고 대입 등 활용도를 높이기 위해 영역별로 서술식 기재항목의 입력 글자수 범위를 제한한다.

의대 진학은 어떤 고등학교가 좋은가요?

의대 진학을 위해서는 일찍부터 체계적으로 준비해야 하는 것이 필수이다. 특목고에 진학하는 것이 유리한지, 일반고에 진학하여 내신을 확보하는 것이 좋은지, 보통 중학교 이전부터 자신에게 맞는 고등학교와 전형을 잘 선택하고 그에 따른 준비를 꾸준히 하는 것이 중요하다. 어떻게 준비해야 할까?

의대 정원이 폭발적으로 증가한다

의대 · 치대 진학 기회가 크게 확대되었다. 의대 정원이 폭발적으로 증가하기 때문이다. 2015학년도 의대는 치 · 의학 전문대학원 모집으로 전환되고 기존의 모집 대학의 정원도 증가하여 1800명 수준에서 3000명 수준으로 크게 증가하였다. 이러한 정원 증가는 2017년에는 3646명으로 증가하여 의 · 치과 대학 정원은 2014학년도에 비해 무려 2배 이상 증가한다. 이처럼 의 · 치대 선발 인원의 증가와 수능 응시자의 지속적인 감소로 2017학년도 의 · 치대 진학의 기회는 크게 확대될 전망이다.

일반고, 과학고, 자사고 등 각 고교마다 장단점이 있다

일반고에서 의대를 가려면 내신 중심 전형을 적극 활용해야 한다. 물론 일반고 전교 1등을 하고도 의대에서 떨어지는 학생이 상당수가 있다는 것도 감안해야 한다. 구술 및 심층면접 능력과 비교과의 우수성을 함께 갖추고 있어야 함은 물론이다.

과학고에서 의대진학은 수능 최저가 적용되지 않는 과학특기자 전형 등의 수시를 통해 진학하는 것이 일반적이다. 다만 과학고 자체에서도 의대진학이 많은 비판을 받고 있어 꺼리는 추세이지만 여전히 가장 유력한 의대진학 루트로서의 구실을 하고 있다.

자사고는 가장 이상적인 의대 진학 통로로 여겨지고 있다. 의대 진학에 대한 학교차원의 전폭적인 지원이 이루어지고 있다. 특히 자사고는 수시모집에 집중하는 과학고/영재학교에 비해 수능 위주의 정시모집에서 유리한 측면이 있다. 자사고인 상산고, 현대청운고, 해운대고, 휘문고, 대구 경신고와 자율고인 한일고 등이 의 · 치 · 한 진학을 많이 하는 대표적인 학교들이다.

의대 진학생들의 상당수가 재수나 삼수생 이상이라는 것은 과학고와 영재학교를 제외한 모든 학교에서 공통적으로 보이는 현상이다.

의대 진학에 걸맞은 전형

의대에 진학하는 전형은 일반적으로 내신 중심, 논술 중심, 과학 우수자 전형, 정시 등 4가지 통로가 있다. 일반고에서는 내신과 정시, 자사고에서는 논술과 정시, 과학고/영재학교에서는 논술과 과학 우수자 전형 등을 준비한다.

최근 모든 영역에서 구술이나 심층면접의 비중이 상당히 커지고 있다. 또한 의대 계열 논술은 어렵기로 소문이 나 있다. 수학·과학의 심화학습은 기본이고 올림피아드를 공부한 학생들 수준이라고 생각하면 된다. 이러한 고난도 논술 준비는 수리 및 과학 심화 과정을 운영하는 과학고나 자사고 학생들이 유리할 수 있다. 또한 최저학력기준이 보통 3개 영역 각 1등급 이내를 요구하고 있어, 의대진학을 목표로 하는 학생이라면 전 영역 1등급을 확보하는 것이 중요하다.

03

문답으로 알아보는 입시 전략

수능영어 절대평가 어떻게 대비해야 하나요?

교육부는 2015년 고등학교 1학년이 입시를 치르는 2018년부터 수능영어 절대평가를 시행한다고 발표했다. 현재의 9등급제의 상대평가 방식에서 성취평가제와 비슷한 절대평가로 전환한다는 것이다. 수능영어 절대평가의 표면만 보고 쉬운 영어 기조에 현혹되어서는 안 된다. 특히 상위권 대학을 목표로 하는 학생이라면 오히려 더 깊이 있는 영어 학습을 준비해야 한다.

외고 입시에서 영어 듣기시험 등이 없어졌지만 외고를 통해 명문 대학에 진학하는 학생들의 영어 실력은 결코 떨어지지 않았다. 영어 내신만 좋으면 외고 진학이 가능하다고 생각했던 학생들의 경우에는 대부분 실패로 이어졌다. 과학고 역시 경시대회 등이 평가에서 제외되었기에 변별력이 떨어진

것은 사실이지만 과학고에 진학하여 명문 대학에 진학하는 학생들은 실력이 예전 못지않고 대개 경시대회 등에 적극적인 경우였다는 것이 같은 맥락이다.

영어가 일정한 성적 이상(소위 절대평가 방식에서 1등급)이라고 다 좋은 대학을 보장해주지 않는다. 명문 대학에서는 우수한 학생을 뽑으려 수단과 방법을 가지지 않는다. 특히 영어는 대학에 진학한 후에도 학습도구로서 가장 중요한 역할을 한다. 따라서 대학별 다양한 평가 형태가 나타날 것이다. 다음을 참고해 입시 전략을 세우자.

첫째, 상위권은 더 높은 수준의 영어 실력을 필요로 할 것이다. 상위권 학생들은 영어에세이, 디베이트 등 지금보다도 훨씬 더 수준 높은 영어 실력을 요구할 수 있다.

둘째, 영어 관련 대학별 고사가 나타날 전망이다. 영어에 대한 변별력을 높이기 위하여 수능영어를 대체할 평가도구를 찾으려 할 것이다. 예를 들어 영어 논술, 면접을 시행하거나, 영어 특기자 전형을 확대할 수도 있다.

셋째, 중·고등학교에서 영어 서술형 평가와 수행평가의 비중이 계속 늘어나는 것도 주목해야 한다. 서술형 평가가 차지하는 비율은 학교별로 다르지만 30~70%를 차지하고 있을 정도로 영향력이 절대적이다.

넷째, 고등학교에서 실시하는 영어경시대회, 토론대회, 영어동아리 등의 영어 관련 비교과 성적이 중요하게 반영될 수 있다. 이 경우 수시전형을 통하여 고등학교 과정에서 실력이 검증된 특목고/자사고 학생들을 더 많이 뽑으려 할 수도 있다.

대학 입시 정책이 발표될 때마다 너무 민감해서도 너무 무시해서도 안 된다. 입시원리는 크게 변하지 않는다. 영어에 이어 수학까지도 절대평가 방식이 논의되고 있지만 지금까지 입시의 역사에서 영어, 수학의 비중이 줄어든 적은 단 한 번도 없다. 어떠한 변화 속에서도 유연하게 대처할 영어 능력을 키워야 한다. 진정한 경쟁력을 지니기 위해서는 단지 외국어를 해석하고 객관식 선지에서 답을 고르는 데 그치면 안 된다. 의사소통능력뿐 아니라 영어를 통한 논리적·비판적 사고능력, 토론능력 등 자신의 견해를 표현할 수 있는 심층적인 영어 학습이 필요하다.

영어만 잘해도 대학 갈 수 있나요?

한때 시중에 "영어 하나만 잘해도 대학 갈 수 있다."는 주장(?)의 책들이 인기가 있었다. 초등학교 전부터 영어교육을 시작하고 그중에는 탁월한 언어감각으로 유학 없이 원어민 수준의 발음을 구사하는 경우도 적지 않다. 외국에서 몇 년씩 어학연수를 하고 외국의 학교에 입학하여 영어만큼은 누구에게도 뒤지지 않는 영어 고수들이 실제로 많다.

과연 영어 하나만 잘해도 좋은 대학에 진학이 가능할까? 결론부터 말하면 쉽지 않다. 외고를 다니는 학생들조차 외국에서 오랫동안 공부했던 아이들을 제외하고는 실제 '영어로만 대학가는 것'은 고려하지 않는다.

그럼 어느 정도의 영어 실력이 있어야 영어만으로 대학 가는 것이 가능한 것인가? 쉽게 생각하면 초등학교나 중학교 때 고3 수능 영어 1등급이 가능한 경우는 '영어로 대학 가기'를 고려해볼 수 있다. 이러한 영어로 대학 가기

가능성을 모색하는 학생들에게 가장 권하고 싶은 것은 공인영어시험에 도전해보라는 것이다. 토플 105점 이상, TEPS 850점 이상 정도의 영어인증시험성적과 영어 에세이 능력이 있다면 충분히 고려해볼 수 있다.

수학을 포기하고 대학에 갈 수 있을까요?

수학을 포기하는 사람(수포자)은 대입을 완전히 포기하는 것은 아니지만 상당히 많은 경우의 수를 놓치게 된다. 특히 서울지역 대학에 지원하기는 상당히 힘들어진다. 다음은 수학을 포기하는 경우의 입시 전략이다.

첫째, 어학 특기자 전형으로 지원하는 방법이다. 어학 특기자 전형은 수학을 포기한 상태에서도 서울 중상위권 대학을 노려볼 수 있는 방법이다. 외국에서 오랫동안 거주하여 공인시험, 영어 에세이 등 어학에 탁월한 능력을 가진 학생들에게 유리한 전략이다.

둘째, 수시 학생부교과전형에 지원하는 방법이다. 학생부교과전형으로 서울 중상위 대학에 합격하려면 최소 1.5등급 이내에 들어야 하고 내신에는 당연히 수학이 포함된다. 수학은 기본적으로 단위수가 높기 때문에 수학을 포기한 학생이 평균 1.5등급 이내에 들기란 매우 어렵다. 서울 소재 대학 중 내신에 수학 과목이 필요 없는 경우는 예체능 계열과 일부 하위권 대학에 불과하며 인문계열조차 대부분 내신에 수학을 반영한다.

셋째, 수시 학생부종합전형에 지원하는 방법이다. 학생부종합전형은 수능최저등급이 없는 경우가 많다. 하지만 학생부종합전형은 교과 성적을 보지 않고 비교과 활동만 보는 전형이 아니고 교과 성적이 우수한 학생 중에서 비교과 활동도 좋은 학생을 선발하는 제도라는 것을 명심해야 한다. 또한 불확실성이 가장 많은 전형이 학생부종합전형이다. 올인했을 경우 가장 리스크가 큰 전형이어서 정시까지도 포기할 수밖에 없는 결과를 낳는다.

넷째, 수시 논술전형에 지원하여 수능최저등급을 맞추는 방법이다. 수능 최저등급이 수능 4개 영역 전체에 대해 적용되지는 않으므로 이론적으로는 수학을 제외한 나머지 과목으로 최저등급을 맞추면 된다. 일단 이 방법은 인문계열만 해당된다. 자연계열은 논술전형에 수학 문제가 출제되기 때문이다. 그나마 인문계열에서도 상경계열은 수학 문제가 논술로 출제되는 경우가 많아 제외된다.

마지막으로 정시모집에 지원하는 방법이다. 이 역시 인문계열만 해당된다. 자연계열 학과의 정시모집에서 수학점수를 반영하지 않는 곳은 전국적으로도 거의 없다. 인문계열도 서울권 주요 대학들은 모두 수학을 반영하므로 수포자가 정시모집으로 대학을 가려면 서울 최하위권과 수도권 학교로 선택의 폭은 매우 좁아진다.

수학을 포기해도 갈 수 있는 대학이 없지는 않지만 '명문대'는 없다고 해도 과언이 아니다. "수포자는 인 서울 포기자", "수학을 못하는 이과생은 갈 대학이 없고 수학을 잘하는 문과생은 못갈 대학이 없다."라는 선배들의 말을 명심하자. 대학 입시에서 수학의 영향력은 절대적이다. 그래서 오직 수학만이 변별력을 가질 수 있는 과목이라는 얘기가 설득력이 있다.

수능 탐구 과목은 어떤 과목을 선택해야 유리할까요?

수능 탐구 과목은 2과목을 응시해야 한다. 인문계열은 사회탐구[생활과 윤리, 윤리와 사상, 한국지리, 세계지리, 동아시아사상, 세계사, 법과정치, 경제, 사회 · 문화, 한국사(2017년부터 필수과목으로 지정되어 빠짐)] 과목, 자연계열은 과학탐구(물리Ⅰ, 물리Ⅱ, 화학Ⅰ, 화학Ⅱ, 생명과학Ⅰ, 생명과학 Ⅱ, 지구과학Ⅰ, 지구과학Ⅱ) 과목 중에서 2과목을 선택해야 한다.

수능 출제 기조가 '쉬운 수능' 방침에 따라 변별력 확보에 탐구과목이 주요 변수로 작용하는 경우가 많다. 본인이 선택할 과목을 진로나 수능 준비와 연계하여 준비하면 더욱 효과적일 것이다. 다음은 수능탐구과목을 선택할 때 고려해야 할 사항이다.

첫째, 당연히 가장 잘할 수 있고 좋아하는 과목을 선택한다. 가장 자신 있고 능동적으로 깊이 있게 파고들고 싶은 과목을 선택하는 것이 좋다.

둘째, 학교에서 배우는 과목을 고려하여 선택한다. 수능과 내신을 한꺼번에 준비할 수 있어서 부담이 줄고 집중이 잘된다. 모든 학교에서 사탐 전 과목, 과탐 전 과목을 배우는 것이 아니다, 특히 자연계열의 경우 심화Ⅱ는 학교마다 차이가 있기 때문에 미리 파악해 놓을 필요가 있다.

셋째, 응시과목 제한조건을 제시하는 대학들을 고려한다. 서울대와 한국 과학기술원(KAIST)는 과학탐구에서 서로 다른 분야의 Ⅰ+Ⅱ 또는 Ⅱ+Ⅱ 조합으로 선택해야 한다. 또한 연세대와 일부 의예과의 경우는 과탐에서 서로 다른 분야의 과목으로 선택해야 한다.

넷째, 응시 인원이 많은 과목을 선택하면 위험이 줄어든다. 수능은 상대 평가이므로 상위권 학생들이 선호하지 않는 과목과 응시인원이 많은 과목이 유리할 수 있다. 사탐의 경우는 사회·문화, 생활과 윤리, 한국지리, 윤리와 사상 순으로, 과탐의 경우는 생명과학Ⅰ, 화학Ⅰ, 지구과학Ⅰ, 물리Ⅰ, 생명과학Ⅱ 순으로 응시자가 많다.

다섯째, 논술시험을 볼 때 유리한 과목을 고려하라. 상위권 대학에서 비중이 큰 논술은 자연계열의 경우 물리, 화학의 심화 과정이라고 생각하면 된다. 상위권 대학을 준비하기 위해서는 너무 준비하기 쉽거나 점수 따기 쉬운 것만을 선택하지 않고 다양한 경우를 고려한다.

국·영·수 시험이 쉽게 출제되는 경향이 강하다면 탐구영역의 영향력은 커질 수밖에 없다. 그런데 탐구과목은 준비시간도 짧고 나중에 준비해도 된다는 안일한 생각으로 실패하는 경우가 많다. 조금만 먼저 생각하고 체계적으로 준비하면 충분히 전략과목이 될 수 있다.

내신만 잘해도 대학 갈 수 있나요?

전국적으로 보면 수능, 논술, 비교과 등과 상관없이 내신만으로 갈 수 있는 대학은 꽤 되지만 서울권 대학으로 범위를 한정시키면 내신만 잘해서 갈 수 있는 대학은 거의 없다. 학생부 비율을 100% 반영하는 대부분의 서울지역 대학이 학생부교과전형에 수능최저등급을 두고 있으며 주요 대학들의 경우 대부분 2과목 2등급 이상 또는 3과목 2등급 이상을 요구한다.

한편 동국대, 이화여대, 한양대는 수능최저기준이 없지만 1, 2단계로 전형을 나눠 2단계에는 면접 등 추가적인 전형 요소를 두어 교과 성적만으로 선발하지는 않는다. 물론 수능최저등급이 없기 때문에 높은 내신을 가지고 있다면 합격 가능성이 높은 것은 사실이다.

전국적으로 학생부교과전형으로 선발하는 인원은 전체 모집인원의 38.5%이지만 서울권 대학으로 갈수록 그 비율은 줄어들어 주요 대학의 경우 0~20% 정도에 불과하다. 주요 대학 중 서울대, 성균관대, 경희대, 서울시립대 등은 학생부교과 위주 전형이 아예 없다. 즉 주요대학들은 내신 위주의 전형으로 많은 인원을 뽑지 않을뿐더러 다른 전형 요소 없이 내신만으로 선발하지 않는다. 따라서 학생부교과전형으로 명문대에 합격하려면 평균 1.3등급 이내의 높은 내신은 기본이고 거기에 2등급 이상의 수능성적과 면접 등의 준비는 필수적이다. 높은 내신은 물론 명문대 합격을 위해 중요한 요소인 것은 맞지만 단지 내신만으로 합격이 보장되지는 않는다는 것을 명심해야 한다.

학년이 올라갈수록 수능 준비의 어려움 때문에 내신만으로 대학을 준비하려는 쉬운 길을 선택하려는 학생들이 늘어난다. 하지만 어떤 전형에서 전형 요소가 하나 줄어들 때마다 경쟁률은 배가되고 그만큼 합격이 어렵다는 것을 알아야 한다. 좋은 내신은 다른 영역(수능, 논술, 비교과 등)이 뒷받침이 되어 있을 때에는 굉장한 위력을 발휘한다. 하지만 내신 그 자체만 가지고는 상위권 대학 진학이 거의 불가능하다.

수능에서 제2외국어·한문을 준비하면 유리한가요?

제2외국어는 수능에서 반드시 응시해야만 하는 과목은 아니다. 하지만 제2외국어를 전공하려 하거나 소질이 있어 수능에 응시한다면 대입전략에 커다란 도움이 될 수 있다. 또한 서울대 인문계열은 제2외국어를 필수과목으로 지정하고 있다.

더욱이 대부분의 상위권 대학은 제2외국어를 탐구 1과목으로 대체할 수 있고, 일부 대학은 제2외국어 선택 시 가산점을 부여하므로 전략적으로 중요할 수 있다.

■ 제2외국어 · 한문으로 탐구영역 대체 가능 대학

대학명	모집단위	제2외국어/한문 반영방법
연세대	인문계열	사/과탐 1과목으로 대체 가능
고려대	인문계열	사/과탐 1과목으로 대체 가능
서강대	인문계열	사/과탐 1과목으로 대체 가능
성균관대	인문계열	사탐 1과목으로 대체 가능
한양대	인문계열	사탐 1과목으로 대체 가능
중앙대	인문계열	사탐 1과목으로 대체 가능
이화여대	인문계열	사/과탐 1과목으로 대체 가능
경희대	인문계열	사탐 1과목으로 대체 가능
한국외대	인문계열	사탐 1과목으로 대체 가능
서울시립대	인문계열	사/과탐 1과목으로 대체 가능
동국대	인문계열	사/과탐 1과목으로 대체 가능
숙명여대	인문계열	사/과탐 1과목으로 대체 가능
국민대	인문계열	사탐 1과목으로 대체 가능

주) 2016학년도 기준

특목고, 대학 입시에 관한 정보는
어디에서 얻나요?

다음은 특목고와 대학 입시 사이트 중에 추천할 만한 것을 추려 정리한 것이다. 수시로 들어가 체크해보도록 하자.

■ **특목고 정보 사이트**

사이트명	주요 활동 내용	홈페이지
각 대학 홈페이지	입시요강과 상세한 정보	
인강백서	자소서 특강, 경쟁률 분석, 합격/면접 후기 자료 제공	cafe.naver.com/ingang119
상위1%카페	각종 경시&올림피아드자료 제공	cafe.naver.com/mathall/940911
점프해커스	특목고 입시자료, 각종 경시 대회 자료 제공	www.jumphackers.com
베리타스알파	고교입시 정보 최신 교육뉴스 제공	www.veritas-a.com
스터디홀릭	특목고, 자사고 등	www.studyholic.com
고입정보포털	고교정보 및 입시정보 제공	www.hischool.go.kr
분당엄마따라잡기	인강과 공부 방향에 대한 조언과 정보 제공	cafe.naver.com/2008bunsamo

■ 대학 입시 정보 사이트

사이트명	주요 활동 내용	홈페이지
수만휘	입시 상담자료, 논술, 면접, 자소서 정보 제공	cafe.naver.com/suhui/
EBSi	기출문제, 수능 출제 범위등 기초자료 제공	www.ebsi.co.kr
한국대학교육협의회	대입제도, 입시용어 등 대입의 기초자료 제공	www.kcue.or.kr/
대학알리미	대학정보공시제도 소개, 통합비교 분석 자료 제공	www.academyinfo.go.kr/
베리타스알파	입시뉴스 최신교육 정보 제공	www.veritas-a.com
오르비	상위권 대학 정보, 논술, 과목별 공부에 대한 정보 제공	orbi.kr
공신닷컴	논술, 언어, 외국어, 수리영역 공부법, 계획표 등 제공	www.gongsin.com
스터디 홀릭	입시 칼럼 입시정보 분석	www.studyholic.com
진학사 모의지원	수시와 정시시즌에 모의지원으로 지원대학에서의 현재의 대략적인 위치 파악 가능	hijinhak.jinhak.com

이 책을 감수해주신 분

김상일(도서출판 키다리 대표)
김일진(고등학교 교사)
박해철(고려대학교 교수)
박수회(중학교 교장, 전 서울과학고 교사)
반상진(전북대학교 교수)
서효언(아이콘 입시연구소 부소장)
유복녀(작가)
이수련(초등학교 교감)
전세환(학원원장, 입시전문가)
정덕희(성균관대학교 교수)
조석(입시전문가)

그 외 초안을 읽고 조언을 아끼지 않으신 학부모님들과 입시관계자분들께 진심으로 감사드립니다.